Little Bit of Tarot: An Introduction to Reading Tarot
Copyright © 2015 by Cassandra Eason
Cover © 2015 Sterling Publishing Co., Inc.
Todos os direitos reservados.

Tradução para a língua portuguesa © Verena Cavalcante, 2022

Diretor Editorial
Christiano Menezes

Diretor de Novos Negócios
Chico de Assis

Diretor de Planejamento
Marcel Souto Maior

Diretor Comercial
Gilberto Capelo

Diretora de Estratégia Editorial
Raquel Moritz

Gerente de Marca
Arthur Moraes

Gerente Editorial
Marcia Heloisa

Editora
Nilsen Silva

Adap. Capa e Proj. Gráfico
Retina 78

Coord. de Diagramação
Sergio Chaves

Designer Assistente
Ricardo Brito

Preparação
Juliana Ponzilacqua

Revisão
Fernanda Lizardo
Isadora Torres
Pamela P. C. Silva
Retina Conteúdo

Finalização
Sandro Tagliamento

Marketing Estratégico
Ag. Mandíbula

Impressão e Acabamento
Gráfica Santa Marta

DADOS INTERNACIONAIS DE CATALOGAÇÃO NA PUBLICAÇÃO (CIP)
Jéssica de Oliveira Molinari – CRB-8/9852

Eason, Cassandra
  Manual prático do tarô / Cassandra Eason ; tradução de Verena Cavalcante.
— Rio de Janeiro : DarkSide Books, 2022.
  128 p.

  ISBN: 978-65-5598-216-9
  Título original: Little Bit of Tarot

  1. Tarô 2. Esoterismo 3. Magia 4. Misticismo
  I. Título II. Cavalcante, Verena

22-1232   CDD 133.3

Índices para catálogo sistemático:
1. Tarô

[2022, 2025]
Todos os direitos desta edição reservados à
DarkSide® *Entretenimento* LTDA.
Rua General Roca, 935/504 — Tijuca
20521-071 — Rio de Janeiro — RJ — Brasil
www.darksidebooks.com

MAGICAE APRESENTA

MANUAL PRÁTICO DO
TARÔ

CASSANDRA EASON

TRADUÇÃO VERENA CAVALCANTE

DARKSIDE

MANUAL PRÁTICO DO

TARÔ

SUMÁRIO

INTRODUÇÃO 7

1 **OS ARCANOS MAIORES:**
 AS DOZE PRIMEIRAS CARTAS 16

2 **OS ARCANOS MAIORES:**
 AS DEZ ÚLTIMAS CARTAS 34

3 **OS QUATRO NAIPES**
 E OS QUATRO ASES DO TARÔ 48

4 **OS ARCANOS MENORES: DE 2 A 5** 56

5 **OS ARCANOS MENORES: DE 6 A 10** 70

6 **AS CARTAS DA CORTE** 84

7 **JOGOS DE TARÔ PARA**
 DIFERENTES OCASIÕES 98

8 **ENCONTRANDO SEU**
 ESTILO DE LEITURA 106

9 **DESENVOLVENDO SUAS**
 HABILIDADES DE LEITURA 112

 ÍNDICE REMISSIVO 124

 SOBRE A AUTORA 127

MANUAL PRÁTICO DO
TARÔ

INTRODUÇÃO:
COMPREENDENDO E
APRECIANDO O TARÔ

A leitura das cartas de tarô é um dos métodos mais simples e eficazes para se descobrir desafios, oportunidades e caminhos futuros, tanto para quem está lendo as cartas, quanto para quem está recebendo a leitura.

Aliás, mesmo que você nunca tenha utilizado um baralho de tarô, é possível, já no primeiro contato, intuir o significado das cartas somente por meio da observação das imagens. Basta relaxar e se permitir sentir as mensagens.

Quando ministrei aulas de tarô em minha faculdade, as melhores leituras sempre eram aquelas feitas antes de os alunos terem estudado os significados das cartas. Isso ocorria porque eles interpretavam as ilustrações ao seu modo, e não de acordo com os significados estabelecidos. Além disso, eles também mantinham uma escuta mais afiada, conectando-se de forma intuitiva à pessoa para quem tiravam as cartas.

Antes de mais nada, é preciso saber que há 78 cartas em um baralho de tarô. Elas são divididas em 22 Arcanos Maiores e 56 Arcanos Menores, categorizados em quatro naipes diferentes.

Os Arcanos Maiores tratam de acontecimentos grandiosos e marcantes, o Eu, e objetos de amor da vida do consulente. Os Arcanos Menores oferecem informações acerca das influências de terceiros sobre nossas vidas, o contexto geral que envolve as perguntas feitas ao oráculo e, às vezes, os limites e restrições dentro dos quais precisamos tomar nossas decisões.

Os naipes, por sua vez, sempre se iniciam com um Ás (ou um) e vão até o número dez (ou à conclusão do baralho). Dentro dos naipes, há dezesseis cartas da corte: valetes ou princesas, príncipes ou cavaleiros, rainhas e reis. Todos eles se referem a pessoas da vida do tarólogo ou do consulente, podendo referir-se ao passado, ao presente ou ao futuro, ou a pontos fortes e a qualidades que todos somos capazes de desenvolver.

DESENVOLVENDO O MELHOR MÉTODO DE LEITURA PARA VOCÊ

Conforme for adquirindo confiança, você vai desenvolver um método próprio de leitura das cartas. Os livros costumam sugerir algumas configurações e tiragens, além de incluírem os significados das cartas e dicas de como proceder com a leitura, mas tudo serve apenas como base para que você crie seu próprio estilo de jogo.

Este livro está repleto de ideias que foram desenvolvidas ao longo de mais de quarenta anos de leitura, escrita, ensino e, principalmente, revisitações constantes de minhas próprias práticas e conceitos. Contudo, você vai descobrir o que combina melhor com seu estilo ao testar diferentes formas de jogo e ao pedir que seus consulentes retirem suas cartas. Se pudéssemos exemplificar, diríamos que é como dirigir um carro: no início, é preciso estar atento a cada um dos movimentos; aos poucos, tudo se torna automático, e é possível até observar a rota e a paisagem, além de desfrutar da companhia de seus passageiros. O tarô funciona exatamente assim.

Acima de tudo, lembre-se que a leitura do tarô é uma questão de autoconfiança. Envolve equilibrar o conflito entre o que você *sente* em contraste ao que você *pensa* ou tenta *deduzir* das cartas, pois se o seu lado analítico vier demasiadamente à tona, o seu Eu sensitivo, que tem acesso ao porvir, correrá o risco de ser silenciado.

O MECANISMO DA LEITURA DO TARÔ

Durante o jogo de tarô, você ou a pessoa para quem a leitura está sendo feita sempre vai escolher uma carta do baralho, supostamente de maneira aleatória, com o propósito de responder a uma pergunta. Isso ocorre por meio de um processo psíquico conhecido como *psicocinese*.

A psicocinese é o mesmo poder que guiava os caçadores pré-históricos para o lugar exato onde os animais estavam, e ao mesmo tempo os *atraía* para os territórios de caça. A radiestesia — recurso utilizado para encontrar petróleo, água, minerais, objetos perdidos ou até mesmo inimigos submarinos com o auxílio de mapas, bastões, galhos em Y, ou um pêndulo — também é considerada uma forma de psicocinese.

Todos temos poderes psíquicos, mas após a infância eles podem acabar anulados pela lógica e pelo ceticismo. Entretanto, de forma instintiva, há coisas que *sabemos* mesmo quando não temos acesso a informações relevantes sobre tais questões. Mães e pais parecem ter um radar que fica alerta sempre que um de seus filhos está em perigo ou em sofrimento, mesmo à distância. Você já deve ter vivido alguma coisa parecida, por exemplo, quando telefonou para um ente querido e descobriu que ele também estava tentando ligar para você naquela mesma hora.

A clarividência, outro poder psíquico, também vem à tona quando a ilustração da carta escolhida desencadeia imagens em sua cabeça. Ao acessar sua clarividência inata também é possível ouvir palavras ou frases em sua mente; elas podem vir tanto de seu Eu interior quanto dos anjos ou guias que trazem informações por meio das cartas. Outra forma de clarividência é a sensação de *saber* algo que, subsequentemente, prova-se verdadeiro, sem ter conhecimento de como descobriu a situação. Essas são as ferramentas que usamos de forma espontânea na leitura de cartas. Quanto mais leituras de tarô você fizer, mais vai ativar seus dons psíquicos no cotidiano.

ESCOLHENDO O BARALHO IDEAL

Escolha um baralho ilustrado, por exemplo, o Rider Waite, no qual a maioria dos baralhos modernos se baseia. Alguns dos meus favoritos são o tarô Universal de Waite, o tarô druida, o tarô celta, o tarô místico ou o Morgan-Greer. Esses baralhos são excelentes para aprendizagem, pois todas as cartas, não só os 22 Arcanos Maiores, têm uma figura para guiar o tarólogo.

AS ILUSTRAÇÕES ATIVAM NOSSA CLARIVIDÊNCIA

Apesar do que diz a superstição, comprar as próprias cartas não é sinônimo de azar, mas se um amigo ou companheiro quiser lhe presentear com seu primeiro baralho, você pode sugerir que o escolham juntos, tirando o dia para fazer isso (melhor ainda, comprem dois baralhos, um para cada, e aprendam juntos).

Mesmo que esteja escolhendo o baralho por conta própria, assegure que seja em um dia divertido, para que seu relacionamento com ele comece envolto em felicidade. Caso vá adquiri-lo pela internet, faça uma pequena celebração quando a encomenda chegar.

Antes de começar a manusear seu baralho, dê uma breve lida neste livro, assim você já vai se familiarizar com os nomes de cada carta. Escolha um exemplar com as 78 cartas convencionais. Pode ser que um ou outro baralho adote nomes obscuros para algumas das cartas, ou utilize conceitos mais complexos, por exemplo, temas relativos à astrologia ou à mitologia egípcia. Tenha isso em mente ao inspecionar suas cartas pela primeira vez.

Quando estiver familiarizada* com a arte do tarô, é possível comprar um baralho que se encaixe melhor em suas exigências. Costumo trabalhar com dois ou mais baralhos diferentes ao mesmo tempo porque caso o consulente escolha a mesma carta em mais de um baralho, é sinal de que se trata de um assunto bastante relevante. Se possível, opte por comprar em lojas esotéricas ou livrarias onde os baralhos possam ser vistos e manuseados. Ao comprar on--line, escolha sempre sites que permitam a visualização dos Arcanos Maiores e dos Arcanos Menores, ou vasculhe a internet em busca de lugares que descrevam pelo menos as cartas principais em detalhes.

Ao chegar em casa, tire as cartas da caixa, coloque-as sobre a mesa com as imagens viradas para baixo e passe suas mãos acima delas como se estivesse afastando nuvens de fumaça. Movimente as mãos sobre as cartas e ao redor delas, dizendo: *Peço aos sábios anjos que me guiem para sempre usar este baralho na realização do bem maior às outras pessoas, com muita sabedoria e compaixão.*

Você também pode fazer esse pequeno ritual antes e depois de cada leitura, para renovar as energias. É um rito mais breve, para momentos de pressa, mas aqui você também vai conhecer rituais de consagração e energização mais demorados para suas cartas.

SUA PRIMEIRA LEITURA

Eis algumas dicas essenciais do que fazer em sua primeira leitura.

Faça uma pergunta importante, então embaralhe as cartas e coloque-as com as figuras voltadas para baixo, em uma só pilha. Segure o maço na mão de sua preferência e, sem pensar muito, selecione uma, duas ou três cartas — o que lhe parecer melhor. Organize-as sobre a mesa em uma fileira, da esquerda para a direita, ou em uma coluna vertical, de cima para baixo.

---

* O pronome "ela/dela" ao se referir aos leitores foi escolhido por uma questão de padronização textual. O caminho da magia é aberto a todos os gêneros. (Nota das editoras.)

Se preferir, coloque as cartas, sempre voltadas para baixo, em círculo, e então deixe que sua mão (novamente, a de sua escolha) paire uns cinco centímetros acima do baralho, até que seja atraída a escolher um certo número de cartas. Geralmente parece mais natural selecionar as cartas com a mão dominante (aquela com a qual você escreve).

Neste livro, há diversas sugestões de métodos de jogos, mas para questões pessoais e cotidianas, você pode achar mais útil não definir posições específicas. Talvez seja mais interessante permitir que as cartas construam, uma a uma, a história (há mais detalhes sobre isso ao longo do livro). Contudo, para uma primeira leitura, caso esteja usando o método das três cartas, deixe-as voltadas para baixo e escolha aquela que você acredita ser a chave da resposta.

Vire a primeira carta e olhe para ela, mas não tente analisá-la ou encaixá-la na pergunta feita, apenas memorize os detalhes ali presentes. Agora coloque a carta de volta, feche os olhos, e veja a carta em sua mente, como se estivesse estampada em uma tela branca ou azul. Isso fará com que sua clarividência aflore. Se não conseguir visualizar a carta, abra os olhos e olhe para ela outra vez até conseguir memorizar cada detalhe, então feche os olhos de novo e deixe a carta se formar em sua mente.

Nessa fase, permita que a carta se torne tridimensional e adentre a ilustração; seguindo o rio, por exemplo, ou visitando a casa onde a família se agrupa do lado de fora. Aproveite a sensação, mas não force situações ou pensamentos, deixe que a história ou a ideia surjam. Abra os olhos, pegue uma caneta e permita que sua mão escreva palavras ou rabisque imagens de forma espontânea. Não leia o que escreveu até que tenha completado o processo de seleção, memorização e escrita de todas as cartas. Por fim, leia o que tiver escrito e você encontrará a resposta para sua pergunta. É interessante manter um diário especial de tarô para registrar todas as suas descobertas.

A Tiragem Diária das Cartas de Tarô

Fazer autoleituras no tarô é algo que pode ajudar a monitorar os caminhos de sua vida e a prever oportunidades e armadilhas. Todos os dias de manhã, escolha uma carta do baralho. Ele deve estar sempre voltado para baixo. Você pode embaralhar as cartas antes, caso queira. Olhe para a figura; ela fornecerá pistas e estratégias úteis sobre o dia que está por vir. Registre-as em seu diário com imagens, palavras, impressões ou sentimentos que possam ter brotado em sua mente. Se a mesma carta aparecer por vários dias seguidos, ou sempre em um mesmo dia da semana, você saberá que ela representa uma questão específica que precisa ser resolvida ou expandida.

Por exemplo, caso você escolha a carta O Carro, com a figura central de um jovem guiando dois cavalos, saberá que o dia foi de ação e mudanças. Assim como o rapaz está controlando a direção da carruagem na ilustração, talvez também seja o seu momento de tomar as rédeas da situação ou de mudar seu rumo e abrir suas asas.

Consagrando Suas Cartas de Tarô

Em vez de manter seu baralho na embalagem original, compre uma carteira grande de tecido ou um saquinho de pano. Alguns praticantes também optam por envolver o baralho em seda branca ou outro tipo de tecido natural antes de guardá-lo no saquinho.

Se suas tiragens são feitas sempre com boas intenções, apenas o bem surgirá em suas leituras, e isso por si só já oferece uma proteção inerente.

Há dois anjos guardiões dos clarividentes, Raziel e Nithaiah. Portanto, você pode pedir proteção a eles antes ou depois de iniciar uma leitura. Além disso, conforme vai aprendendo novas técnicas, peça a eles que abençoem e protejam seu tarô e que lhe mantenham longe de todo o mal.

Raziel, o arcanjo do trabalho espiritual, costuma ser representado vestindo um manto rodopiante com extensas chamas verdes em sua auréola.

INTRODUÇÃO

O prateado Nithaiah, o anjo dos poetas e das profecias, costuma ser representado carregando um pergaminho de prata.

Para realizar um ritual de proteção, acenda duas velas brancas de tamanhos diferentes, lado a lado, primeiro a menor, para Nithaiah, e depois a maior, para Raziel. Então diga: *Peço ao sábio Raziel e ao gentil Nithaiah que façam das minhas cartas um instrumento de sabedoria e compaixão. Solicito que me guiem de forma a sempre usar este baralho para o bem maior, e ajudem a afastar de mim e de meus consulentes todo prejuízo, malícia e trevas.*

Disponha as cartas em círculo, começando em sentido horário, na ordem em que estiverem na pilha, com as ilustrações para cima, e deixe que a luz das velas as ilumine. Deixe as velas queimarem até o fim.

Outro método alternativo é acender ambas as velas antes da leitura, daí assoprar suavemente três vezes sobre cada chama e, após apagá-las, pedir que Raziel e Nithaiah abençoem e protejam você e a pessoa para quem está fazendo a leitura. Deixe as velas em uma mesa próxima.

Após a leitura, agradeça aos dois anjos pela proteção e apague as velas, enviando luz para todos que precisam dela (inclua-se na lista).

Você também pode dispor as cartas em leque, com as ilustrações voltadas para baixo, perto de uma janela durante uma noite de lua cheia. Assim, o poder da lua as energizará.

A seguir, começaremos a aprender sobre os significados das cartas e os diferentes tipos de jogos. Mas lembre-se: em essência, esta introdução já ensina tudo aquilo que você precisa saber sobre leituras intuitivas. Muitos tarólogos e cartomantes trabalham seguindo o instinto, sem estudar os significados predefinidos das cartas, acrescentando e virando em seus jogos quantas cartas acharem necessárias, e interpretando as figuras de maneira pessoal.

1

Os Arcanos Maiores: As Doze Primeiras Cartas

MANUAL PRÁTICO DO
TARÔ

U M BARALHO DE TARÔ PADRÃO TEM 22 ARCANOS MAIORES (Arcano, ou Arcana, significa "sabedoria escondida", como tudo que você descobrirá durante as leituras).

COMEÇANDO UM DIÁRIO DO TARÔ

Sugiro que, assim que começar sua prática no tarô, você crie um diário para auxiliar no foco de seus pensamentos.

Utilize um caderno com folhas sem pauta, ou um fichário encadernado em couro, do tipo que permite o acréscimo ou retirada de páginas. Ele vai ser o registro de sua jornada no tarô. Dedique uma página para cada carta.

Porém, antes de conhecer o significado das cartas, você vai fazer um exercício com todas elas: segure a carta com sua mão não dominante e olhe para a ilustração. Escreva no diário, de maneira instintiva, o que sente a respeito daquela carta e que ideias ela suscita em você. Você pode se surpreender ao constatar que seus palpites podem ser um tanto parecidos com o significado convencional da carta.

Se uma carta lhe parecer interessante, crie uma história para ela — os ondes e porquês. Por exemplo: o menininho cavalgando um cavalo branco na carta do Sol. Quem é ele? Onde ele está? Acrescente novos significados à carta todas as vezes que ela aparecer em uma leitura e você tiver um novo *insight*. Também faça questão de anotar as datas das leituras, pois, dessa forma, você pode rastrear as previsões que se desenrolam em sua vida ou na vida daqueles para quem estiver lendo.

. Além disso, registre todos os novos jogos e métodos de tiragem, as adaptações feitas e que posições de cartas andou adotando para que se encaixassem melhor nas suas necessidades.

Sempre escreva sobre a carta que tirou no dia, pois assim poderá perceber quaisquer sequências ou padrões que se repitam, principalmente quando uma carta específica aparecer com constância em dias difíceis. Inclua aqui pequenos percalços, como a visita daquele parente indesejado ou os dias em que você tem a obrigação de fazer algo chato no trabalho.

OS ARCANOS MAIORES

Os Arcanos Maiores em geral são numerados de 0 a 21 ou de 1 a 22. A ordem das cartas costuma ser a mesma independentemente do modelo do baralho, com a exceção da carta da Força e da carta da Justiça, que podem variar entre os números 8 e 11.

O LOUCO,
a Carta da Intuição

A carta do Louco representa novos começos, momentos em que tudo é possível.

Ela representa mudança interior, que costuma vir na forma de reação a uma oportunidade inesperada ou de um desejo de encontrar ou redescobrir sua identidade.

Se a tal oportunidade inesperada ainda não surgiu, a carta nos mostra que ela surgirá muito em breve. Então, em vez de dizer: "Eu não consigo fazer isso", o Louco declara: "O que impede você de fazer?". Confie na sua intuição, dê um salto no escuro e, aconteça o que acontecer, não olhe para baixo.

NA VIDA COTIDIANA: O Louco representa a oportunidade de resplandecer, fazer coisas com espontaneidade, agir no calor do momento, mesmo que isso signifique apenas pintar de amarelo as paredes da sala de estar.

O único lado negativo da carta do Louco é que ele pode agir impulsivamente e de maneira imatura.

O MAGO, a Carta do Impulso Criador

A carta do Mago significa criatividade, ingenuidade, bem como a habilidade e a necessidade de se pensar fora da caixa.

Essa carta é um bom presságio para quem está abrindo ou gerenciando o próprio negócio, sobretudo em campos que exijam criatividade. É o momento de colocar os planos em prática e testar suas criações no mercado, mesmo que você comece aos pouquinhos.

O Mago também pode representar uma pessoa poderosa, de personalidade carismática, que abrirá portas para você. Também é possível que você sinta atração por essa presença e dê início a um relacionamento apaixonado e carregado de emoções.

NA VIDA COTIDIANA: O Mago indica que este é um ótimo momento para investimentos e especulações, fazer contatos profissionais, engajar-se nas mídias ou realizar entrevistas de

OS ARCANOS MAIORES: AS DOZE PRIMEIRAS CARTAS

diversos tipos. Todas as formas de comunicação são favoráveis, sejam elas em pessoa, por escrita, por e-mail ou por telefone. Peça, e seus desejos serão atendidos.

O único lado negativo dessa carta é que, vez ou outra, o Mago pode representar charlatões e vigaristas.

A SACERDOTISA,
a Carta da Realização dos Desejos

Essa carta é sobre ser fiel a si mesmo, seja qual for a sua idade.

A Sacerdotisa é a irmã e o alter ego da maternal e cuidadosa Imperatriz. Essa carta é um estímulo para nos perguntarmos o que realmente desejamos da vida. E mesmo que tenhamos uma relação próxima e carinhosa com a família, fala da necessidade de passar por períodos silenciosos a fim de nos reconectarmos com o Eu interior e com nossos sonhos mais íntimos.

Estar só não é o mesmo que estar solitário, então aprenda a valorizar sua companhia. Você detém poderes curativos.

NA VIDA COTIDIANA: A Sacerdotisa pode surgir quando há muitas fofocas e provocações em seu ambiente de trabalho ou em seu círculo familiar. A carta é um aviso de que você deve estar sempre acima disso. Evite tomar lados ou ser um agente pacificador, e tome cuidado para não revelar confidências, mesmo que seja pelos melhores motivos.

O lado negativo dessa carta é que ela pode simbolizar alguém que leva a vida a sério demais e, por isso, demonstra baixa tolerância diante das fraquezas alheias.

A IMPERATRIZ,
a Carta da Mãe

A Imperatriz é a carta da Mãe Terra. Para homens e mulheres em seus anos férteis, essa carta é a representação máxima de uma gravidez ou de um nascimento vindouros, para você ou seu consulente, principalmente se alguém estiver preocupado com a própria fertilidade.

Outra interpretação é a de que você é um elemento central na felicidade e no bem-estar das pessoas, inclusive familiares e amigos, e terá muito sucesso em uma carreira cujo foco seja cuidar do outro. A Imperatriz promete a fruição de projetos e alegria familiar.

NA VIDA COTIDIANA: Alguém próximo pode precisar de muito amor e carinho, e pode ser necessário que você una a família para isso. Passar tempo com sua mãe ou suas avós pode ser algo muito proveitoso, ainda mais se já houve algum momento de frieza e distanciamento.

O lado negativo dessa carta é que ela pode simbolizar alguém disposto a assumir o papel de mártir, intrometendo-se demais na vida alheia e tornando-se possessivo, ou sendo dependente demais dos outros.

O IMPERADOR,
a Carta do Poder e da Conquista

O Imperador é a carta que representa a paternidade, a determinação e o sucesso terreno. É um símbolo do pai e da figura de autoridade. Tanto para as mulheres quanto para os homens, pode significar um parente mais velho que exerce grande influência, um parceiro amoroso poderoso e muito bem-sucedido (ou com o potencial para isso, caso seja jovem), ou uma figura de autoridade, de todos os gêneros, que esteja envolvida diretamente em sua vida.

Para mulheres ou homens, a mensagem presente na carta é a de que você pode ganhar uma promoção ou alcançar seus objetivos caso pare de se conter e aprenda a agir com mais assertividade.

NA VIDA COTIDIANA: Você precisará de mais determinação que o normal para evitar que lhe subestimem ou não lhe deem o devido crédito, por isso pode ser necessário apostar no tudo ou nada. Talvez seja preciso passar mais tempo com seu pai, seus avós ou outro parente do gênero masculino. Outra possibilidade é a de que, caso tenha filhos, você tenha de tomar uma atitude em relação ao comportamento deles.

O lado negativo da carta do Imperador é que a pessoa que ela representa pode ser extremamente crítica e difícil de agradar. Tente não se incomodar com isso, independentemente de representar seu companheiro, um parente ou até mesmo seu chefe.

**O HIEROFANTE,
a Carta do Caminho Tradicional**

O Hierofante é irmão e alter ego do Imperador, e essa carta simboliza uma fonte de sabedoria, mirando no conhecimento tradicional, espiritual e experimental em vez de se concentrar no sucesso material e na autoridade.

Se estiver pensando em fazer um treinamento ou um curso que pareça muito longo ou difícil, essa carta é um sinal para uma carreira ou estilo de vida mais recompensadores. Ela também favorece o aprendizado, a docência, a espiritualidade ou o desenvolvimento psíquico.

Ao representar uma pessoa específica de sua vida, ela pode simbolizar um orientador ou professor sábio, um amigo, um membro da família, um conselheiro profissional ou espiritual, e pode até mesmo indicar que você vai se apaixonar por alguém espiritualizado.

NA VIDA COTIDIANA: O Hierofante indica que não devemos tomar atalhos para encontrar soluções rápidas, mas sim que precisamos preencher os formulários, analisar as notas de rodapé e enfrentar os canais oficiais para buscar o que desejamos.

Não permita que derrotas anteriores lhe impeçam de acreditar em seu potencial.

No lado negativo, essa carta pode simbolizar alguém preconceituoso e de mente fechada. O Hierofante interior representa vozes proibitivas do passado. Ele é uma espécie de superego, por isso sua influência pode fazer de você uma pessoa excessivamente cautelosa.

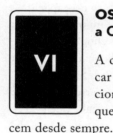

OS NAMORADOS,
a Carta do Amor e dos Relacionamentos

A carta dos Namorados fala de amor e pode indicar uma alma gêmea caso você esteja em um relacionamento ou tenha encontrado alguém especial, que traz aquela sensação de que vocês já se conhecem desde sempre.

Essa carta é uma garantia de que o amor nessa relação é verdadeiro e duradouro.

Ela também indica a necessidade de escolher entre dois amores, simbolizando que a escolha deve ser feita pensando na pessoa que mais mexe com seu coração, mesmo que isso signifique abrir mão da estabilidade e da segurança.

NA VIDA COTIDIANA: Se estiver só, acredite, o amor está chegando em breve.

A carta dos Namorados aparece quando um relacionamento necessita de mais dedicação e atenção, ou se você atingiu um ponto em que precisa de mudanças e, para isso, é necessário reavivar a conexão do casal e explorar novos rumos. Também pode significar que você está pronto para um novo passo no relacionamento, seja ele um compromisso mais sério ou a consumação do ato sexual.

O lado negativo dessa carta é que ela pode simbolizar a tentação de jogar fora um amor constante e duradouro por breves momentos de empolgação ou por qualquer casinho louco e passageiro.

O CARRO,
a Carta da Escolha do Próprio Caminho

O Carro é uma carta de ação que indica mudanças e movimento. Não importa em que fase da vida você esteja, essa carta representa o triunfo e a capacidade de seguir adiante. Pode ter a ver com uma mudança de imóvel, uma viagem, qualquer mudança em menor ou maior escala, podendo ser na carreira, no seu estilo de vida ou até mesmo na simples possibilidade de fazer algo diferente em um feriado.

A questão principal dessa carta é quem guia o carro e, portanto, determina a direção. Para alcançar a felicidade, o ideal é que essa figura no comando represente sempre você, por mais que haja o desejo de agradar a terceiros.

NA VIDA COTIDIANA: Essa carta também pode sugerir que você se livre de tudo aquilo que bagunça sua vida — maus hábitos, sobrecarga de atividades e pessoas tóxicas —, focando na sua saúde física e mental, e resolvendo aquelas pendências constantemente adiadas. Também pode indicar uma viagem inesperada.

O lado negativo dessa carta pode indicar seu constante hábito de modificar fatores externos para alcançar a mudança, quando, na verdade, o problema e a inquietude estão dentro de você.

A FORÇA,
a Carta da Superação de Obstáculos

VIII (ou XI)

A Força é uma boa carta para reafirmar que, com persistência, você vai atingir seus objetivos e ultrapassar obstáculos.

Ela também se refere aos seus pontos fortes e aos seus talentos, é um lembrete de que você tem ótimos recursos para vencer, embora essa seja uma tarefa difícil e árdua, sobretudo se houver envolvimento em algum projeto a longo prazo. A carta da Força também pode se referir a uma pessoa forte, porém gentil, na qual você pode confiar, e também indica que amigos de longa data vão se provar sempre mais leais do que novos amigos que fazem promessas vazias.

NA VIDA COTIDIANA: Tirar essa carta pode significar que você deve ser paciente e perseverar em situações difíceis ou com pessoas problemáticas. Não permita que lhe desestimulem a seguir um rumo que você considera certo. Não desperdice energia tentando ganhar uma discussão com alguém teimoso, pois essa pessoa jamais vai entender seu ponto de vista.

O único aspecto negativo dessa carta diz respeito à possibilidade de desperdiçar todos os seus esforços em uma causa perdida.

O EREMITA,
a Carta dos Princípios

A carta do Eremita é um conselho para seguir seu próprio caminho e seus próprios princípios. Ela pode surgir quando você estiver se sentindo sem rumo e virá para alertar que não é esse o caso. Você só precisa de espaço e tempo para que todos os fatores venham à tona. Talvez seja interessante adiar decisões importantes, ao menos por enquanto, mesmo que haja pressão externa para resolver tudo logo.

Se alguém próximo estiver insistindo em manter um comportamento destrutivo, e de alguma forma culpar você pela situação, recuse esse fardo e se afaste.

O Eremita também pode representar uma pessoa mais velha que terá tempo para lhe escutar e não fará julgamentos precipitados.

NA VIDA COTIDIANA: Se estiver agindo de forma pacificadora em uma briga e perceber que os dois lados estão lhe imbuindo culpa, saia dessa situação. Discussões e brigas, ainda mais em família, costumam cessar quando não há plateia.

O único lado negativo da carta do Eremita é que ela pode indicar certa inércia e excesso de confiança na sabedoria e na experiência dos outros, o que pode ser perigoso.

A RODA DA FORTUNA,
a Carta da Responsabilidade pela Própria Sorte

A Roda da Fortuna costuma aparecer após uma maré de azar ou de oportunidades frustradas, anunciando uma reviravolta de acontecimentos e sorte, sobretudo na área financeira.

Embora essa carta indique uma boa sorte inesperada, no fim das contas, quem faz o seu futuro é você, então aproveite a sorte e os reveses para moldar seu destino.

Você pode aproveitar esse golpe de sorte e se arriscar em situações incertas, que possam envolver sua estabilidade. Permita-se.

NA VIDA COTIDIANA: A presença da Roda da Fortuna indica que é um bom momento para participar de uma competição ou de jogar na loteria. Você pode ganhar um dinheiro inesperado ou ter a chance de realizar um trabalho a curto prazo com um bom contato. Isso lhe trará um ótimo retorno.

O único lado negativo dessa carta é que as coisas podem não dar tão certo assim se você tiver o hábito de ficar esperando que as circunstâncias e as oportunidades ideais pulem no seu colo.

A JUSTIÇA,
a Carta do Merecimento

Essa carta é sobre justiça na vida e costuma surgir quando há envolvimento em alguma questão legal ou indenizatória, um divórcio ou disputa judicial — por exemplo, com autoridades fiscais —, ou talvez até mesmo algo do âmbito educacional. A carta da Justiça é clara: persista. Não se deixe intimidar pelos peixes grandes e você vai se dar bem.

Essa carta também pode surgir se você estiver sofrendo exploração de familiares, intimidação de vizinhos ou de seu chefe, ou se estiver trabalhando mais do que deveria para cobrir as funções de colegas preguiçosos, desonestos ou incompetentes. Se necessário, tome notas e registre as datas, e caso esteja enfrentando um conflito no trabalho, procure os canais oficiais para fazer sua denúncia. Também é possível que esteja havendo corrupção em algum acordo, oferta ou mesmo por parte da pessoa que tem lhe auxiliado com seus trâmites trabalhistas ou financeiros. A carta levanta o palpite, mas é algo que você provavelmente já sabe.

NA VIDA COTIDIANA: Talvez você precise pesar os dois lados de uma discussão antes de tomar uma decisão definitiva. Tente permanecer imparcial e evite favoritismos. O lado negativo da Justiça é ficar estagnado em injustiças passadas que não podem mais ser resolvidas.

O ENFORCADO, a Carta do Desprendimento

Apesar do nome assustador, a carta do Enforcado representa o ato de se desprender de medos e restrições que impedem nossa entrega plena à vida ou ao amor.

NA VIDA COTIDIANA: Essa carta indica a necessidade de abandonar relações destrutivas, carreiras que drenam a energia e vampiros emocionais, principalmente quando você se percebe dependente ou responsável pelo bem-estar deles. Se estiver lutando contra maus hábitos, fobias ou vícios, viva um dia de cada vez, e estará livre mais cedo do que imagina.

O único lado negativo da carta do Enforcado fala da possibilidade de se sacrificar por uma causa indigna ou dar chances a alguém que não merece seu afeto.

LEITURAS DE TRÊS OU QUATRO CARTAS UTILIZANDO OS PRIMEIROS DOZE ARCANOS: O JOGO DAS MUDANÇAS

Este é um excelente jogo básico que você pode fazer com todas as 78 cartas ou apenas com os Arcanos Maiores. Por agora, vamos apenas usar as primeiras doze cartas.

Formule uma pergunta se concentrando em alguma mudança que você precisa ou quer fazer. Isso pode revelar tendências inesperadas que venham a afetar o andamento das ações.

Pegue as primeiras doze cartas, misture-as ou embaralhe-as, depois faça uma pilha ou disponha todas em um círculo, as ilustrações voltadas para baixo.

Deixe que sua mão guie o caminho até a primeira carta para revelar o que é que você precisa mudar ou deixar para trás. Coloque essa carta na ponta esquerda, na posição Revela a Mudança, mas não a vire ainda.

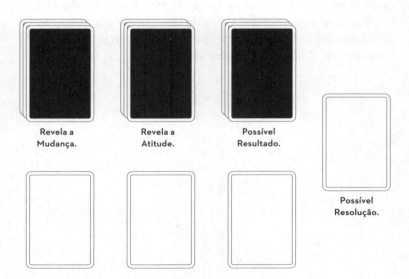

Revela a Mudança.

Revela a Atitude.

Possível Resultado.

Possível Resolução.

OS ARCANOS MAIORES: AS DOZE PRIMEIRAS CARTAS

Escolha uma segunda carta e coloque-a na posição onde está demarcado Revela a Atitude; ela representa qual ação você precisa tomar de imediato ou que fatores lhe ajudarão a seguir adiante. Ainda não é hora de virar as cartas.

Por fim, selecione uma terceira carta e coloque-a na posição do Possível Resultado, que indica a possível conclusão da ação ou influência sugerida. Não vire as cartas ainda.

Com as três cartas tiradas, você pode começar a virá-las, uma de cada vez, da esquerda para a direita, para dar início à leitura.

Não force a interpretação e, caso tenha dúvidas quanto ao significado, segure a carta, olhe bem para a figura, e deixe que palavras, imagens e impressões surjam espontaneamente em sua cabeça. Ao ler as cartas subsequentes, pode ser que você se sinta como se estivesse lendo uma história que se desenrola sem maiores dificuldades.

Contudo, se ainda assim a questão não estiver suficientemente clara, escolha uma quarta carta, Possível Resolução, e ela unirá as mensagens, principalmente as cartas da atitude e do resultado.

Também é possível que você visualize fatores nos quais não tinha pensado; às vezes até situações antigas, que estão obscurecendo o presente e o futuro, podem lhe ocorrer.

UMA LEITURA DA VIDA REAL

Eis um exemplo de uma leitura em que quatro dos doze primeiros Arcanos Maiores surgiram na tiragem de um Jogo das Mudanças.

A HISTÓRIA DE ANNA

Anna tem 20 anos de idade e divide um apartamento com sua melhor amiga, Lizzie. O namorado de Anna, Steve, passa todos os fins de semana no apartamento, por isso ela faz questão de limpar e organizar tudo para a chegada dele, enquanto Lizzie, por outro lado, empenha-se para que o lugar esteja sempre uma zona. Além disso, Steve sempre traz uma garrafa de vinho, mas é Anna quem acaba comprando comida para todos os três, tal como costuma fazer normalmente durante a semana, já que Lizzie está sempre dura (embora ela tenha um ótimo emprego). Quando saem para comer, por exemplo, é sempre Anna quem paga, e Lizzy costuma acompanhar o casal nas saídas, mesmo sem ser convidada.

Contudo, um dia, quando Anna sugeriu, meio de brincadeira, que os outros também deveriam ajudar a pagar a conta de um jantar caro, no qual Lizzie e Steve pediram praticamente todos os pratos do cardápio, Lizzie gargalhou e disse a Steve que Anna é muito mesquinha com dinheiro.

Quando Anna era criança, seu pai largou a família para ficar com outra mulher, e uma lembrança intensa daquela época é de como seu pai constantemente acusava sua mãe de atormentá-lo por questões financeiras e por ser muito desorganizado.

A pergunta de Anna ao tarô foi: "Será que estou sendo mesquinha?".

CARTA 1: A Imperatriz na posição da mudança. A carta da Imperatriz reforça o papel maternal que Anna está sendo obrigada a assumir para cuidar de duas pessoas perfeitamente capazes e funcionais, mas a mudança que ela está buscando é um pouco mais complexa. Será que Anna realmente quer mudar esse padrão de dependência?

Enquanto conversávamos, Anna percebeu que estava assumindo para si as acusações de seu pai contra sua mãe (o que não é verdade, uma vez que seu pai era um apostador compulsivo, por isso a família estava sempre sem dinheiro, e beberrão, às vezes ficando agressivo quando exagerava no consumo de álcool).

Então Anna precisa mudar não só seu comportamento, mas também sua percepção da atual situação, manchada pelos traumas do passado.

CARTA 2: O Carro foi a carta tirada na posição da atitude. É um sinal claro de que é o momento de Anna iniciar as mudanças de que tanto precisa para assumir as rédeas do Carro. Mas como? Ela pensou um pouco e concluiu que seria uma boa opção passar os fins de semana no apartamento de Steve, do outro lado da cidade, assim os dois poderiam sair para comer sem a presença de Lizzie, que por si só já era uma causa de irritação para Anna devido aos seus flertes indiscretos com seu namorado. Essa pequena mudança não apenas livraria Anna do peso de pagar as refeições para os três, como a pouparia de toda a faxina no apartamento sempre que Steve fosse chegar logo.

Uma outra questão é que Anna também precisa parar de limpar a bagunça de Lizzie e apenas ignorá-la, ou então penalizá-la sempre que o apartamento for deixado sujo, recusando-se, por exemplo, a cozinhar para ela.

CARTA 3: A carta dos Namorados na posição do resultado. Ela se refere não apenas à relação de Anna com seu namorado, mas também com sua colega de apartamento. Ao reproduzir uma situação do seu passado e tentar desesperadamente não repetir os supostos erros de sua mãe, Anna criou uma relação inadequada com Lizzie e com Steve, ignorando os erros e os comportamentos egoístas de ambos. Anna credita a displicência de Steve ao fato de ele ter morado com a mãe até bem pouco tempo atrás, e acha que tão logo ela comece a mudar o próprio comportamento, Steve vai acompanhá-la no percurso.

E ao ver Lizzie como um indivíduo, e não como objeto de seus cuidados maternais, talvez Anna perceba que, na verdade, não quer mais dividir o apartamento com a amiga. Ou então, quem sabe, pode acabar se distanciando a tal ponto que se veja capaz de responder à acusação injusta de Lizzie sobre sua mesquinharia e lance mais algumas farpas um tanto justificadas.

E, ainda mais importante, Anna vai ter a oportunidade de conhecer seu namorado sem interferências, e assim poderá decidir se ele realmente é o cara certo.

Por fim, e porque buscava mais clareza, Anna escolheu uma quarta carta, a Justiça.

Como a carta da Justiça pode ser um símbolo de divórcio, como foi o caso de seus pais, temos aí um acesso aos medos subconscientes de Anna. Ela acredita que, caso faça um estardalhaço, Steve vai abandoná-la exatamente como seu pai fez com sua mãe. Lá no fundo, Anna sente que é responsável pela infelicidade de seus pais. O que é ilógico, porém muito compreensível. Sendo assim, em sua vida adulta, Anna tenta compensar a culpa que tomou para si desde a infância.

Não são apenas as mães que dedicam a vida a servirem outras pessoas. Ao longo dos anos, encontrei muitos casos semelhantes aos de Anna, em que uma jovem bem-sucedida e competente sente uma enorme incapacidade para se impor diante de suas relações interpessoais.

Os Arcanos Maiores:
Maiores:
As Dez Últimas Cartas

MANUAL PRÁTICO DO
TARÔ

OBSERVE COM ATENÇÃO CADA UMA DAS CARTAS antes de estudar seu significado tradicional e anote em seu diário tudo que vê, ouve ou sente ao contemplá-las. Lembre-se de que toda carta tem significados tanto positivos quanto desafiadores, e que elas mudam de acordo com a posição em que são colocadas no jogo. No entanto, o mais importante de tudo é prestar atenção ao que você sente.

A MORTE,
a Carta da Mudança Natural

Atenção: escolher a carta da Morte não significa, em hipótese alguma, que você ou qualquer pessoa próxima de você esteja prestes a morrer.

A carta da Morte costuma representar uma porta que precisa ser fechada. Pode ser uma situação específica ou um relacionamento que está barrando sua felicidade, e que vai representar uma perda dolorosa, porém libertadora. Se não houver o encerramento desses ciclos, não haverá espaço para recomeços.

NA VIDA COTIDIANA: Às vezes é hora de aprender a dizer "não" para familiares, colegas de trabalho ou chefes que estejam pressionando com algo que não lhe faz feliz. Essa carta também pode surgir quando você estiver triste pelo término de alguma coisa e com medo de ficar só. Não se jogue de cabeça em nenhum relacionamento ou nova empreitada se ainda não estiver em condições para isso.

O único aspecto negativo dessa carta é se você sentir culpa demais ao pensar na pessoa ou no trabalho que pretende abandonar, a ponto de ter dificuldade em prosseguir com suas intenções.

A TEMPERANÇA, a Carta do Equilíbrio

XIV

A carta da Temperança é a fada madrinha do baralho. Ela representa equilíbrio e harmonia, tanto dentro de você quanto ao seu redor.

Em questões relacionadas à saúde, ela simboliza o retorno a uma condição física ou a continuidade do estado saudável. No que diz respeito a tratamentos médicos, ela aponta que os resultados serão os melhores possíveis. Em outras situações, opte sempre pelo meio-termo e evite excessos. Seja sempre o agente pacificador e negociador em reuniões familiares ou profissionais, e sua evolução será certeira.

A Temperança também representa a aceitação do que não pode ser mudado e o abandono definitivo de antigos ressentimentos.

NA VIDA COTIDIANA: Essa carta mostra que o momento é propício para se lidar com questões capciosas ou delicadas, para se comunicar com pessoas difíceis ou de gerações diferentes, para fazer alguma dieta ou então de abrir mão de quaisquer vícios ou excessos que você já tentou largar, sem sucesso, em outras ocasiões. Não se entregue à tentação de agir como mensageiro das más notícias ou de seguir os maus exemplos ao seu redor.

O lado negativo da carta da Temperança fala do hábito de manter a paz a qualquer preço. Isso pode ter um custo alto, sobretudo no que diz respeito à sua própria paz de espírito.

O DIABO,
a Carta da Panela de Pressão

Essa carta não tem relação alguma com magia das trevas ou com o mal propriamente dito. Na verdade, ela representa o poder acumulado que você tem deixado de utilizar. Outra interpretação fala de ressentimentos reprimidos e que estão se acumulando dentro de você. É preciso impor limites e determinar o que é razoável de se tolerar.

NA VIDA COTIDIANA: Caso estejam sendo injustos ou insensatos com você, em qualquer aspecto de sua vida, aprenda a dizer "não". Dessa forma, você vai liberar essa energia reprimida (que faz muito mal para a saúde e para o bem-estar) e que até então vinha sendo direcionada à repressão de reações justificáveis diante de tratamentos abusivos.

O único aspecto negativo dessa carta é que, se esperar tempo demais para reagir, você pode acabar liberando a pressão da panela sobre a pessoa errada ou então entrar em um estado de melancolia profunda.

A TORRE,
a Carta da Reconstrução

A carta da Torre, conhecida como Torre da Destruição, é na verdade um sinal de liberdade das amarras de sua vida. Ela se refere a um acontecimento que está ocorrendo na hora exata da leitura, ou então a um episódio necessário para dar fim à estagnação, à inércia e às restrições em sua vida.

Essa carta também pode simbolizar a remoção de obstáculos que podem estar impedindo o alcance de seu potencial máximo ou de sua felicidade. Sim, haverá contratempos, mas eles trarão um futuro mais recompensador e até mesmo um novo estilo de vida.

NA VIDA COTIDIANA: A Torre também pode indicar que algum problema financeiro muito em breve pode ser atenuado por uma oportunidade inesperada, que pode envolver ganho de dinheiro ou a liberação de ganhos pecuniários. Se você tem se sentido aprisionada por alguma situação profissional, ficou confinada em casa ou vem enfrentando um relacionamento abusivo, uma grande ruptura ocorrerá, principalmente se você buscar o apoio necessário.

O único aspecto negativo dessa carta é que a pessoa para quem foi feita a leitura pode acabar não aprendendo com seus erros e construir uma torre idêntica em outro lugar, para em seguida se perguntar por que ela está desmoronando outra vez.

A ESTRELA,
a Carta dos Sonhos Realizados

Quaisquer que sejam os seus sonhos, eles podem se realizar se você se esforçar, e isso pode ocorrer de maneiras que desafiam a imaginação, pois essa também é uma carta que representa fama e fortuna.

Agora é hora de realizar sonhos que talvez nunca tenham sido verbalizados ou sequer reconhecidos. Esse é o momento de transformar sua vida e dar-lhe um novo significado.

A Estrela, assim como a Roda da Fortuna, também é uma carta que simboliza boa sorte e indica que a maré está virando a seu favor.

NA VIDA COTIDIANA: Pode ser que você repentinamente se flagre sob as luzes da ribalta, de prontidão para brilhar, portanto, seja confiante. Esse é um excelente momento para participar de competições ou jogos de azar. Você também pode ganhar um novo amigo ou um admirador secreto, ou vivenciar o renascimento de sua vida social.

O único aspecto negativo da Estrela é que se sua ideia de perfeição for exigente demais, você vai cair na armadilha de se achar inapta para exibir seus talentos por aí.

A LUA,
a Carta da Fase Seguinte

A mensagem da carta da Lua é clara: cuidado com o caminho mais curto e mais fácil. Seja uma questão financeira ou um caso romântico: as consequências podem ser catastróficas. Cuidado para não se iludir com pessoas que lhe prometem a lua, mas vivem em seu mundinho de fantasia. Contudo, principalmente para mulheres, a carta da Lua também indica um movimento natural para a próxima fase da vida e favorece todas as questões envolvendo animais e crianças, projetos criativos, medicina alternativa, espiritualidade e clarividência.

A Lua também é uma carta que simboliza a fertilidade, sobretudo se você estiver tendo dificuldades para conceber.

NA VIDA COTIDIANA: Toda pessoa dramática vai descarregar as emoções em cima de você, e a pressão emocional virá de todos os lados. Seja gentil consigo e não ceda a chantagens emocionais.

O lado negativo da carta da Lua é que você pode passar tanto tempo sonhando, que nunca vai conseguir fazer nada acontecer na sua vida.

O SOL,
a Carta do Sucesso

A carta do Sol é uma promessa de felicidade, satisfação e sucesso tal como nossa sociedade determina. Fala de alcançar objetivos e enriquecer, mas também de encontrar aquilo que nos faz verdadeiramente felizes. Não se preocupe com o futuro. Aproveite o momento e aposte todas as fichas para conseguir o que deseja.

A carta do Sol também fala de talentos escondidos ou pouco desenvolvidos que venham a aparecer, seja qual for a sua faixa etária ou período de vida, e indica que você pode transformar interesses pessoais em uma carreira nova e lucrativa, abrindo portas que outrora estavam fechadas.

NA VIDA COTIDIANA: Crises de ansiedade relacionadas a questões de saúde vão desaparecer, e possibilidades financeiras poderão surgir. É possível, inclusive, que surjam oportunidades de trabalhar em lugares ensolarados durante feriados ou em suas férias. Além disso, você pode ter a chance de trabalhar com um companheiro ou amigo em um projeto lucrativo em um futuro não tão distante.

O único lado negativo da carta do Sol é acabar trabalhando excessivamente a ponto de excluir pessoas amadas de sua vida, e com isso perder oportunidades de lazer, entrando em um quadro de exaustão.

O JULGAMENTO,
a Carta do Renascimento e da Regeneração

A carta do Julgamento representa sua necessidade de desenvolver seu julgamento sobre uma situação ou pessoa caso opiniões conflitantes ou pessoas preconceituosas estejam lhe causando insegurança, geralmente porque têm um interesse particular de estar no controle.

Essa carta pode surgir quando o curso de alguma ação acabou não dando certo e você precisou recomeçar tudo de novo, mudando seus planos ou suas atitudes. Arrume o que precisa ser consertado e deixe o restante para lá, principalmente se estiver sentindo culpa por acontecimentos do passado ou lidando com críticas injustas.

NA VIDA COTIDIANA: Não tome como fato tudo que lhe disserem, sobretudo se a fonte for conhecida por fofocar ou espalhar rumores. Uma questão jurídica, uma entrevista, um exame ou uma prova que estejam por vir vão ter resultados positivos, não se preocupe. Por outro lado, algumas pessoas podem tentar roubar suas ideias, então faça questão de receber os créditos.

O lado negativo da carta do Julgamento é cair na ladainha daqueles que adoram agir com favoritismo. Fique longe de jogos de poder e pare de tentar agradar.

O MUNDO,
a Carta dos Desejos Realizados

A carta do Mundo traz a ideia de que tudo é possível e pode se expandir em qualquer direção, seja na vida profissional, no desenvolvimento de passatempos e na formação de grupos sociais. As viagens são favoráveis, com foco especial para as de longa distância, ou talvez seja hora de pensar em se mudar de casa, planejando algo a longo prazo e para um lugar distante. Pode ser também que você precise se realocar ou esperar pela oportunidade ideal.

NA VIDA COTIDIANA: Tudo está rendendo frutos. A carta do Mundo fala de uma oportunidade inesperada de viajar ou, caso esteja trabalhando, de se beneficiar com conexões virtuais ou com pessoas de outros países. Vão chover convites e ofertas.

O único lado negativo da carta do Mundo é que você corre o risco de viver os sonhos alheios e, assim, pode acabar abandonando seus próprios sonhos, mesmo que faça isso com a melhor das intenções.

UMA LEITURA COM TRÊS, SEIS E NOVE CARTAS

Você pode optar por um jogo de três cartas se estiver com pressa ou tiver uma dúvida específica para responder. Escolha um jogo com seis cartas se desejar descobrir mais detalhes ou se a pergunta for mais complexa. Opte por um jogo com nove cartas para desenvolver uma situação que não é tão evidente e pode envolver algum tipo de mudança significativa de vida. Você também pode acrescentar uma décima carta no topo das nove cartas caso o assunto ainda não pareça solucionado.

Comece com uma pergunta, algo que cause preocupação, ou deixe que as cartas entreguem a mensagem espontaneamente.

Embaralhe ou misture as cartas, mantendo-as viradas para baixo, e divida-as em três montes de tamanhos aproximados.

Escolha uma carta da pilha da esquerda e coloque-a na posição 1. Depois, faça o mesmo com o segundo montinho, o do meio, tirando uma carta e colocando-a na posição 2; a seguir, selecione a carta 3 do terceiro montinho. Continue na sequência numérica — uma pilha após a outra —, sempre da esquerda para a direita. Se tiver optado por uma sequência de seis ou nove cartas, organize-as de maneira crescente; para seis cartas, utilize duas colunas de três; e para nove cartas, três colunas de três, sempre da esquerda para a direita.

Agora você tem duas opções. Experimente os dois métodos para decidir qual funciona melhor para você.

Você pode virar todas as cartas, uma de cada vez, de baixo para cima, da esquerda para a direita, e ler todas elas.

Ou pode virar uma carta por vez, novamente de baixo para cima, da esquerda para a direita (de acordo com o formato escolhido na leitura de três, seis ou nove cartas), de modo que as figuras fiquem sobrepostas. Leia cada carta virada por vez e só vire a seguinte quando tiver terminado.

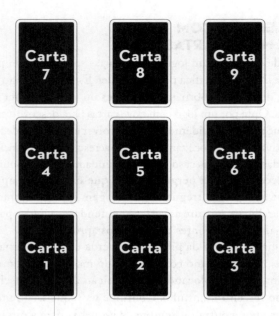

Particularmente, gosto de virar todas as cartas ao mesmo tempo, é o que funciona melhor para mim. Dessa maneira é possível ter uma visão geral do jogo antes de fazer leitura individual de cada carta. E esse método abre espaço para mais uma avaliação: qual das cartas lhe parece a carta-chave do jogo? Comece a leitura por ela, depois siga lendo de acordo com a ordem na qual estão posicionadas. Também é possível ir escolhendo instintivamente, de acordo com o que mais lhe parece certo.

Preste atenção às cartas que parecem se encaixar naturalmente (como tirar O Imperador e A Imperatriz no mesmo jogo) e tente associá-las imediatamente a quaisquer indivíduos em sua vida (caso a leitura esteja sendo feita para você) ou a pessoas da vida do consulente. Nesse caso, peça à pessoa para lhe ajudar nas associações.

UMA LEITURA DA VIDA REAL

Eis um exemplo de uma leitura utilizando o método das nove cartas e os Arcanos Maiores.

A HISTÓRIA DE VERÔNICA

Verônica, uma mulher calma e competente, voltou a trabalhar quando sua filha tinha apenas 3 meses de idade. Ela construiu uma carreira sólida na área de design, mas aos 45 anos teve uma gravidez não planejada, e todos ao seu redor, inclusive seu marido, não só a consideram velha demais para ter outro filho, como também acham que a maternidade atrapalharia sua carreira.

Entretanto, nos últimos tempos, Verônica já não aprecia mais essa vida de poder e preferiria, na verdade, passar mais tempo em casa, trabalhando somente como freelancer no regime de meio período, pois tem muitas ideias para projetos focados em crianças, os quais, acredita, preencheriam um lado lúdico perdido após a faculdade. Secretamente, ela está radiante com a perspectiva de ter mais um bebê, pois também carrega o arrependimento de não ter aproveitado a primeira infância da filha mais velha. Eis as cartas que escolheu:

CARTA-CHAVE: O Diabo (por coincidência estava na posição da carta 1, mas não necessariamente será assim em todas as vezes).

CARTA 1: O Diabo. A gravidez trouxe vários sentimentos negativos, dúvidas e arrependimentos sobre a forma como Verônica vinha levando a vida, por exemplo, o reconhecimento de ter perdido vários marcos no desenvolvimento de sua primeira filha. Quando ela expressar tais sentimentos a seu marido e a sua família, ela sem dúvida vai se sentir muito melhor, pois todos têm a ideia equivocada de que, por ela ser tão bem-sucedida, sua mera existência lhe basta. Até então, Verônica não se sentia confortável o suficiente para dizer o contrário.

Carta 2: A Torre. Algumas pessoas podem fazer a leitura tradicional da Torre da Destruição, o que significaria que a gravidez é uma ameaça à carreira de Verônica. Contudo, o que realmente está ocorrendo é que o bebê está fazendo o contrário. Ele está libertando Verônica de uma vida que ela sente ser cada dia mais opressiva. Sendo assim, a Torre, nesse caso, é a Torre da Libertação. Passar mais tempo em casa também é algo que pode ajudá-la a encontrar um trabalho no qual possa explorar mais sua criatividade e diminuir seu estresse.

Carta 3: A Estrela. A carta sugere que Verônica tem a oportunidade de transformar seus sonhos em realidade, começando de onde está e utilizando sua experiência, tanto no trabalho quanto na maternidade, em novas criações. Claro que esses não são os sonhos que as pessoas desejam para ela, e muito menos os que ela nutria dez anos atrás. Porém, ela já se realizou profissionalmente e agora quer aproveitar a maternidade e seu poder criativo.

Carta 4: A Morte. A carta da Morte marca o fim de um estágio natural, representando a gravidez tardia de Verônica. Se ela prosseguir com seus desejos e ignorar as outras pessoas, abrirá mão de muitos bens materiais, mas, por outro lado, será capaz de desenvolver laços mais profundos com a primeira filha e com o marido. A questão salarial, por sua vez, também não é uma parte vital de sua vida, já que seu marido é um empresário de sucesso.

Carta 5: A Sacerdotisa. Verônica sempre se orgulhou de ser uma mulher independente, que trilhou seu caminho no mundo. De uns tempos para cá, no entanto, vive estressada por precisar trabalhar até tarde, sempre tentando passar bons momentos com a família (principalmente com a filha) e fazendo todo tipo de malabarismo para dar conta de tudo. No dia em que sua filha, sem querer, chamou a avó de mãe, ela sentiu que já tinha sacrificado coisas demais em nome de uma vida luxuosa.

Carta 6: A Imperatriz. Agora, Verônica pode reivindicar seu papel de mãe. Esta carta carrega grande poder criativo e traz a promessa de que o trabalho artístico para crianças que Verônica idealiza também vai gerar frutos. Tudo isso a deixa empolgada e assustada ao mesmo tempo, mas essa também é a primeira vez, em muitos anos, que se sente realmente viva.

Carta 7: O Hierofante. O Hierofante e A Imperatriz são cartas interligadas. Verônica está se sentindo culpada por cogitar virar as costas para o sucesso pelo qual tanto batalhou. E os comentários de suas bem-sucedidas colegas de trabalho, que acham que ela está se traindo, também não têm sido de grande ajuda.

Carta 8: O Louco. A carta do Louco sugere que Verônica deve seguir sua intuição em vez de conselhos de terceiros. Se seu desejo é ter o bebê, é isso que ela deve fazer.

Carta 9: O Mundo. A princípio, o fato de esta carta ter saído no jogo de uma mulher que está prestes a abrir mão do emprego para ficar em casa pode parecer estranho, mas, na verdade, indica que seus horizontes vão se expandir tão logo ela comece a explorar seu lado criativo e a aproveitar a vida familiar. E isso vai ocorrer de forma ainda mais significativa, pois o marido de Verônica viaja constantemente a trabalho, e com isso haverá diversas oportunidades para que a família faça passeios e conheça o mundo. Isso dará a ela a oportunidade de reacender a paixão de seu relacionamento, que tanto sofreu com as constantes ausências do marido e o estilo de vida frenético dela.

CARTA DO DIA

Todas as manhãs, nunca se esqueça de tirar sua carta do dia e registrá-la em seu diário. Você pode até conferir o significado, mas primeiro se pergunte: *Como me sinto quando olho para esta carta?*. Se a mesma carta sair por semanas seguidas, tente um jogo de três cartas para ver que tipo de soluções a leitura trará.

Os Quatro Naipes e os Quatro Ases do Tarô

MANUAL PRÁTICO DO
TARÔ

Q UANDO TIVER APRENDIDO OS SIGNIFICADOS dos 22 Arcanos Maiores, você vai perceber que o restante do baralho segue um padrão lógico. As próximas quarenta cartas se dividem em naipes — ou tipos de cartas — e são numeradas de 1 (ou Ás) a 10. As cartas da corte, dos valetes aos reis, também seguem o mesmo padrão dos naipes, mas serão mais bem detalhadas em um capítulo à parte.

Os naipes fornecem mais detalhes sobre a influência de terceiros nas nossas vidas e nos permitem visualizar em qual contexto e sob quais limitações estamos tomando nossas decisões. Conforme sugerido na introdução, escolha um baralho ilustrado, pois a imagem propriamente dita é capaz de ativar sua clarividência interior e seu sistema imagético psíquico.

OS NAIPES

A seguir, uma descrição de cada um dos quatro naipes: pentáculos, moedas ou ouros; cálices ou copas; varas, cajados ou paus; e espadas.

Ouros, Pentáculos ou Moedas: O Naipe da Terra, do Mundo Material e da Abordagem Prática

O naipe de ouros simboliza segurança, estabilidade e organização prática na rotina.

É um naipe que fala sobre o lar, a família, os animais, questões financeiras e de propriedade, principalmente relacionadas a terras e mudanças de imóvel, que devem ser sempre planejadas e graduais em vez de abruptas. O naipe de ouros também pode se referir a questões oficiais e relacionadas a instituições financeiras.

As cartas do naipe de ouros aconselham a adoção do senso comum, da checagem de fatos, além de uma atitude prática e pragmática na abordagem de problemas. Qualquer empreitada realizada sob o naipe de ouros deve ocorrer passo a passo, mas não se preocupe: se houver uma base sólida, você alcançará o sucesso a longo prazo.

As principais virtudes de ouros são a paciência e a persistência, e seus maiores defeitos são a relutância em considerar novas possibilidades e valorizar mais posses materiais que pessoas.

Copas ou Cálices: O Naipe da Água, do Amor e das Emoções

O naipe de copas é o naipe do amor, da amizade, da fidelidade e de todas as questões envolvidas com o meio ambiente, a natureza e as estações do ano.

As cartas de copas representam os amantes, tanto aqueles que ainda estão por descobrir o amor quanto os companheiros de longa data. Também fala do casamento, das escolhas amorosas e de todo lado emocional das relações familiares (em oposição ao lado prático de ouros). Esse naipe também simboliza a harmonia pessoal, a fertilidade, as habilidades psíquicas, os poderes de cura alternativos e a reconciliação. Outra possibilidade de interpretação diz respeito a coisas que não estejam dando certo. Nesse caso, o aconselhável é se afastar de um relacionamento possessivo ou destrutivo.

Elas aconselham que o caminho a ser seguido seja sempre o do coração, não o da lógica, e que se encontre a satisfação com e por meio de outras pessoas. Suas virtudes são a compreensão e a compaixão. Seus defeitos são o sentimentalismo, a codependência e o excesso de sentimentalismo.

Paus, Varas ou Cajados:
O Naipe do Fogo, do Mundo da Inspiração e da Criatividade

O naipe de paus representa a originalidade, a independência e a individualidade, e, acima de tudo, o potencial inexplorado. Também abrange todas as empreitadas artísticas e criativas, da potência masculina, de viagens, de sucesso, de remanejamentos e mudanças espontâneas de imóveis, além de falar da saúde, da autoconfiança e da autoestima, da independência, da fama, e da capacidade de encontrar e seguir o próprio caminho.

O conselho deste naipe é buscar o foco nas próprias necessidades e sonhos, desenvolvendo talento criativo, tomando a frente no trabalho, abrindo a própria empresa ou optando por trabalhar de forma autônoma. O naipe de paus promete alegria e satisfação, portanto, qualquer abordagem que o envolva deve ser dinâmica, espontânea, intuitiva, inventiva e inesperada.

As virtudes do naipe de paus são a abundância e a generosidade. Suas falhas são a volubilidade, a tendência a desistir no primeiro obstáculo, a impaciência ante a fragilidade humana e o tédio.

Espadas:
o Naipe do Ar, do Mundo Psíquico e da Reflexão
O naipe de espadas é o naipe da lógica, do foco, do pensamento racional, da coragem, da carreira empresarial, dos exames e provas, e da mudança. .

Ele trata da comunicação clara, da reflexão, de todas as questões científicas e tecnológicas, da medicina convencional, da terapia e da cirurgia, da justiça, do aprendizado e da lei. Esse naipe talvez se revele predominante nas leituras feitas durante períodos desafiadores da vida, podendo representar, inclusive, pessoas complicadas.

O conselho do naipe de espadas é voltado à utilização da mente (não do coração) e à coragem de se expressar. Qualquer abordagem que o envolva deve ser breve, corajosa, centrada, e talvez implique em mudanças caóticas, ainda que necessárias.

A concentração e o aprendizado são as virtudes vigentes. Já os defeitos têm a ver com criticismo e severidade desnecessários, e com o sofrimento de medos infundados que impedem tomadas de atitude.

OS NÚMEROS
A seguir, a descrição dos números de 1 (ou Ás) a 10.

Os Ases, as cartas que representam o recomeço
As cartas de número 1, ou Ases, são as mais dinâmicas dos Arcanos Menores. É o número do inovador e do iniciador.

Essas cartas são mensageiras de novas oportunidades, novas pessoas, energias restauradas, boa sorte ou saúde entrando em sua vida. Tudo depende da área à qual o naipe se refere.

É difícil encontrar um lado negativo para o Ás. Quando esta carta surge, acolha o otimismo até mesmo se estiver atravessando um período difícil, pois ela é um indicativo de que a sorte está mudando para melhor. Quando mais de um Ás aparece na leitura, isso pode significar que o momento é de grandes oportunidades.

Além do mais, os quatro Ases podem ser usados independentemente das outras cartas numeradas do baralho — e também acrescentados aos Arcanos Maiores — para uma leitura mais completa, a fim de ajudar o consulente a enfrentar situações específicas. Tudo depende do naipe a que pertence o Ás escolhido. Costumo chamar esse método de leitura, a utilização dos quatro Ases, de Cartas do Temperamento, pois são a chave necessária para acessar a mensagem da leitura.

As Cartas do Temperamento refletem que tipo humor você deve canalizar para o seu melhor proveito.

O Ás de Ouros, a Carta das Soluções Práticas

Esse é o mais estável dos Ases. Ele fala de uma nova oportunidade vindoura e capaz de causar melhoras graduais em sua vida. É uma ótima carta para apontar o início de projetos domésticos, como renovações ou mudanças, e para oportunidades seguras (porém lentas) de estabilizar as finanças. Além disso, ele também é um bom anúncio de possíveis negócios, investimentos ou empreitadas, tanto práticas quanto financeiras, que possam ser um sucesso a longo prazo.

COMO CARTA DO TEMPERAMENTO: Há muito trabalho árduo a ser feito, e a única solução é a mais prática possível, devendo ser iniciada por você. Nesse caso, o sucesso é certo, mas não há atalhos ou caminhos curtos para alcançá-lo. Comece de onde está, pois suas ideias são bem embasadas e, se persistir, os resultados serão concretos.

O Ás de Copas,
a Carta dos Caminhos do Coração

Esta carta indica fertilidade e um novo amor. Pode indicar uma gravidez ou a chegada de um novo membro à família, seja por meio de casamento ou mesmo de reconciliações. Também pode representar a chegada de um novo amor ou a entrada em uma nova fase, repleta de felicidade, em um relacionamento já existente. Esse Ás pode ainda simbolizar a recuperação da confiança, a valorização do amor-próprio ou talvez o surgimento de um novo amigo ou aliado que vai se tornar bem importante ao longo dos meses. Outra possibilidade é a existência de uma fase pacífica nas suas relações com a família e a resolução de um conflito antigo. O Ás de Copas também pode significar amor não correspondido ou um amor que deve permanecer secreto.

COMO CARTA DO TEMPERAMENTO: Capte as entrelinhas. Tente discernir o que você sente sobre uma pessoa ou situação específica: você está à vontade com todos os envolvidos? Siga seus instintos.

O Ás de Paus,
a Carta da Inspiração

Tudo é possível, principalmente o inesperado. Seja otimista.

"Deseje, e seu desejo se realizará." Essa carta representa a chance de se envolver com uma segunda carreira (ou um hobby lucrativo), iniciar uma atividade criativa (como dança, música, arte, teatro), ou talvez se voltar para algo há muito abandonado. Também é possível que lhe ofereçam uma promoção, uma transferência no trabalho ou férias inesperadas. Também é indicativo de saúde em ótimo estado, muito entusiasmo, poder e crença nas próprias habilidades. Com tamanho poder, não tem como as coisas darem errado.

COMO CARTA DO TEMPERAMENTO: Pense fora da caixa e aposte no tudo ou nada para atingir a felicidade, o sucesso, a fama e a realização pessoal.

O Ás de Espadas,
a Carta do Pensamento e da Ação Decisiva

Após um obstáculo ou um período difícil, supere a inércia, as dúvidas, os medos. Recomece e passe por cima de todas as adversidades. Agora é hora de aprender, treinar, refazer o treinamento, se necessário. Também é um bom momento para vencer uma questão jurídica, resolver uma briga com vizinhos ou colegas de trabalho, encontrar o reconhecimento no ambiente profissional, acolher bons resultados nas questões médicas ou procedimentos cirúrgicos, ou arriscar-se e apostar em jogos de azar.

COMO CARTA DO TEMPERAMENTO: A situação pede uma ação decisiva, mas dê um passo para trás, pense calma e logicamente, e só então se prepare para confrontar pessoas negativas e situações desonestas. Mantenha a tranquilidade e a assertividade, mas garanta que sua integridade permaneça intacta. A verdade sempre aparece.

UTILIZANDO OS QUATRO ASES
DO TEMPERAMENTO

Trabalhar unicamente com os Ases e os Arcanos Maiores pode ajudar a sintonizar seus poderes intuitivos para a leitura do tarô.

Mantenha os quatro Ases em uma pilha, separados dos Arcanos Maiores, com as figuras voltadas para baixo, e embaralhe-os separadamente toda vez que fizer uma leitura de três ou mais cartas.

Conforme já ensinado, escolha três, seis ou nove cartas, e coloque-as (voltadas para baixo) em fileiras de três, sempre da esquerda para a direita. Você pode optar por desvirar as cartas uma a uma ou todas juntas, construindo o cenário completo da história, e sempre de baixo para cima.

Agora, misture os quatro Ases, ainda voltados para baixo, e selecione uma carta da pilha dedicada a eles. Vire-a. A partir daí você terá a melhor estratégia a ser seguida e a energia total da leitura.

4
Os Arcanos Menores:
De 2 a 5

MANUAL PRÁTICO DO

TARÔ

NO CAPÍTULO ANTERIOR, OS ASES FORAM UTILIzados como Cartas do Temperamento para indicar estratégias de ação após as informações geradas durante a leitura do tarô.

As cartas numeradas expandem o significado dos Arcanos Maiores e oferecem mais detalhes sobre a influência do exterior em nossas vidas, bem como os contextos e limitações em nossa tomada de decisões. Além disso, todas as cartas numeradas, e não apenas os Ases, oferecem estratégias sobre quaisquer mudanças que desejemos realizar e evidenciam nossos pontos fortes e potencial.

Se uma carta numerada aparecer quando você escolher sua carta do dia, ela será não apenas um guia, como também evidenciará oportunidades e desafios que estarão presentes especificamente naquele dia.

1: O ÀS,
A CARTA DO RECOMEÇO

Releia sobre o uso dos Ases, focando nos aspectos que tratam essas cartas como representantes dos recomeços, a fim de sempre se lembrar de seu significado.

2: NÚMERO DOIS, A CARTA DO EQUILÍBRIO

Nas cartas, o 2 representa a integração de duas pessoas, de dois aspectos da vida, e a melhor forma de alcançar a harmonia no entrelace desses caminhos. O 2 é o número do negociador e fala do equilíbrio das prioridades e, por vezes, da necessidade de se fazer várias coisas simultaneamente. Ele também está relacionado a parcerias, tanto na vida profissional, quanto nas questões afetivas.

O Dois de Ouros

O Dois de Ouros costuma indicar a possibilidade de seguir dois caminhos de uma só vez, sejam eles no trabalho ou no lar. Duas formas distintas de carreira, ou debruçar-se sobre um trabalho e um hobby que pode se revelar uma fonte de renda.

Contudo, a carta também pode indicar que, neste momento, apenas um aspecto de sua vida, ou um só indivíduo, está sendo priorizado. Por outro lado, tentar equilibrar duas pessoas ou duas situações pode fazer com que você vivencie a desarmonia ou acredite não estar fazendo nenhuma das coisas do jeito certo.

O Dois de Copas

Comumente associado às almas gêmeas, a duas pessoas ou a uma família que se une em reconciliação, harmonia e amor, o Dois de Copas também pode indicar um noivado ou um compromisso vindouro.

Essa carta também pode simbolizar uma briga em que, por fim, serão feitas as pazes. Para um novo amor, um novo relacionamento, ou um amor platônico, o Dois de Copas pode significar que a pessoa certa não está longe. É também sinal de bom presságio, caso companheiros, familiares ou amigos tenham decidido abrir um negócio ou trabalhar juntos.

O Dois de Paus

No dinâmico naipe de paus, o 2 é estranhamente estático e sugere que existem, ou virão a existir, dois caminhos ou duas escolhas a serem feitas, em geral uma de cunho criativo e outra mais estável e segura. É preciso selecionar uma delas e se comprometer com apenas um caminho. Caso necessário, aguarde, pois a direção certa vai se evidenciar dentro de poucas semanas.

Às vezes essa carta pode indicar que um negócio, parceria ou relação profissional vigente está sendo restritivo demais, ou que uma situação doméstica é mais segura, porém tediosa (geralmente um indicativo de que trabalhar fora seria uma alternativa tentadora). Essas situações estáveis podem estar carecendo mais de uma revitalização do que de um abandono.

Fazer contatos no exterior ou se aventurar em novas empreitadas pode ser frutífero.

O Dois de Espadas

Essa carta representa a indecisão entre duas opções ou duas pessoas, e a incapacidade de se decidir por uma delas. O medo pode ser seu maior obstáculo.

Em geral, nenhuma das opções é a escolha certa, e sim uma terceira via que sequer foi cogitada. Tirar o Dois de Espadas também pode ser uma sugestão para ficar só e dar o próximo passo sozinho, livrando-se da culpa e das pressões emocionais ao redor.

O Dois de Espadas também pode se referir a problemas financeiros, e é um alerta de que eles não irão embora, mas que podem ser colocados em ordem por meio de diálogo e pedidos de ajuda, por mais difícil que isso possa parecer.

Medidas favoráveis para o momento: seguir carreira na área de negociações, tentar reconciliações e praticar meditação.

3: NÚMERO TRÊS, A CARTA DA OPORTUNIDADE E DA EXPANSÃO DA ALEGRIA

O 3 representa o ato de construir e reconstruir, levando em consideração situações ou decisões anteriores. Se você procurar atentamente, vão surgir decisões ligadas a novas oportunidades. O 3 é um número associado a comemorações, casamento, gravidez e nascimento, e também pode indicar a união a uma família já existente.

Também é um número excelente para todas as empreitadas criativas.

O Três de Ouros

Essa é uma carta muito interessante no que diz respeito à construção de recursos concretos (talvez após um atraso ou contratempo). Ela traz a promessa de que uma empreitada já iniciada ou em plena vigência tem alicerces firmes e vingará, embora o progresso vá acontecer passo a passo.

O Três de Ouros também garante o sucesso em qualquer negócio imobiliário, em projetos do tipo faça-você-mesmo ou que estejam ligados a todo tipo de renovação. Além disso, é uma carta que prognostica habilidades no artesanato e em todo tipo de trabalho manual, seja como carreira ou por mero interesse. Ela também indica que suas finanças terão uma melhora, que o trabalho árduo e a atenção aos detalhes são características essenciais para o progresso, e que o melhor caminho pode ser por meio do trabalho conjunto.

O Três de Ouros também anuncia a formação de laços mais íntimos com um parente mais velho.

Essa carta também é um presságio excelente para resolver questões relacionadas a hipotecas, empréstimos e renegociação de dívidas.

O Três de Copas

É a carta da fertilidade e da abundância. Pode ser um anúncio de gravidez, casamento ou de uma celebração em meio a parentes. Também pode indicar o retorno de alguém ao seio familiar após longa ausência, seja esta devido ao trabalho ou ao mero distanciamento.

Novos amigos vão entrar em sua vida, e velhos amigos retornarão. Dedicar-se ao trabalho com crianças ou de aconselhamento é uma possibilidade extremamente benéfica.

O Três de Paus

Qualquer plano ou projeto criativo que você possa ter, ou que deseje colocar em ação em um futuro próximo, vai gerar uma expansão das oportunidades. Pessoas com trabalhos incomuns ou alocadas no exterior podem vir a oferecer possibilidades profissionais para seus talentos, e até mesmo uma oportunidade de trabalhar em outro país. Boas escolhas para o momento: buscar sua independência, tentar comprar a casa própria, correr atrás de uma promoção no trabalho, ou investir em uma carreira nova e mais satisfatória.

Se estiver procurando por emprego, aumente seu leque de possibilidades e também a área física onde está buscando. Todas as empreitadas criativas nas quais você se embrenhar terão respostas favoráveis.

O Três de Espadas

O Três de Espadas nunca prediz coração partido, mas pode ser um alerta para tomar cuidado com alguém que parece bom demais para ser verdade. Tente sempre utilizar a lógica e o cérebro para saber se está sofrendo algum tipo de pressão ou manipulação emocional. Aprenda a dizer "não" para familiares, amigos ou colegas de trabalho que estejam agindo desproporcionalmente.

Cuidado com pessoas que drenam suas finanças ou insistem para que você lhes empreste dinheiro. E não se envolva em um negócio que não lhe agrada só para fazer a vontade de alguém. Atenção a pessoas que parecem muito legais na sua frente, mas que espalham fofocas e rumores às suas costas.

Essa carta também é um sinal de que você deve prosseguir com seus estudos, especializações ou um novo emprego.

O Três de Espadas prenuncia um momento excelente para intervenções cirúrgicas ou médicas.

4: NÚMERO QUATRO, A CARTA DA PRUDÊNCIA

No tarô, as cartas de número 4 exploram formas alternativas de se arriscar ou de manter o que já lhe pertence. Em geral, surgem na leitura quando você se pergunta se há coisas mais importantes na vida além de estabilidade e segurança.

O Quatro de Ouros

O Quatro de Ouros é o exemplo definitivo de prudência versus correr o risco. Essa carta fala de viver a vida com o que se tem, mas também pode indicar que, ao investir em algo capaz de trazer mais satisfação do que retorno financeiro, você encontrará felicidade imediata. Com o naipe de ouros, sabemos que o risco vai compensar a longo prazo, pois essa carta costuma representar (mas não com total certeza) riscos imediatos com ganhos mais adiante.

Como essa também é uma carta da família, a qualidade de vida também pode ser melhorada ao realizar novas atividades com os filhos ou gastar mais dinheiro em lazer.

O Quatro de Ouros também pode indicar que você está em um relacionamento ou em um emprego por mera estabilidade, mas às custas de sua liberdade, sua iniciativa, seu amor futuro e seu crescimento pessoal.

O Quatro de Copas

O Quatro de Copas mostra que você precisa tomar decisões em vez de permitir que as questões fiquem à deriva ou que outras pessoas decidam por você. Costuma estar relacionada a incertezas nas questões amorosas ("O namoro é sério ou não?"), à sua capacidade de permitir que as coisas rolem naturalmente ou de fazer exigências e arriscar sofrer rejeição. É melhor sentir o clima, pois só assim você estará bem para buscar um novo amor caso o atual não dê certo.

O Quatro de Copas também pode sugerir que você não vem se realizando nos âmbitos íntimo e espiritual, nem no ambiente pessoal ou profissional. Sendo assim, é hora de decidir o que você quer de verdade e se dedicar a isso. Lembre-se de que o que mais traz arrependimento é pensar no que deixamos de fazer, por mais que isso possa envolver abandonar os confortos que nos são familiares.

O Quatro de Paus

O Quatro de Paus é uma carta idílica e se refere à oportunidade de se mudar para um lugar onde você vai se sentir verdadeiramente em casa. A estrutura é menos importante do que a alegria de viver seu sonho o mais rapidamente possível (e isso pode ir além da moradia convencional, podendo significar um barco ou até mesmo um trailer).

Essa carta também pode indicar que você vai atingir, ou já atingiu, tudo aquilo a que ambiciona, e que vai curtir um sucesso moderado e satisfatório. Entretanto, como a carta é um quatro, ela também questiona: "Você quer mais. Quem sabe mirar mais alto, às custas de seu conforto e paz? Ou será que quer viver onde se sente feliz?".

O Quatro de Paus pode aparecer na trajetória profissional ou até mesmo no momento de uma aposentadoria precoce, o que significa que você ainda pode encontrar o pote de ouro no fim do arco-íris, talvez se aventurando em outras áreas ou então construindo a casa dos seus sonhos.

Essa também é a carta de quem trabalha em casa e pode envolver mudanças abruptas temporárias.

O Quatro de Espadas

É uma carta que fala de medos paralisantes e capazes de impedir mudanças ou de se manifestar contra situações de injustiça.

Costumam existir bons motivos para as pessoas se sentirem incapazes de agir: circunstâncias, terceiros que dependem de nós, traições passadas ou até mesmo o azar. Por isso, se em sua leitura aparece um Quatro de Espadas, talvez seja melhor não agir. No entanto, essa carta também surge com o papel de assegurar que os medos que povoam sua cabeça são muito, muito piores do que a realidade.

Assim que sentir que chegou a hora, utilize o poder das Espadas para cortar o medo e alcançar tudo aquilo que deseja.

5: NÚMERO CINCO, A VITÓRIA POR MEIO DAS CARTAS

O 5 é um símbolo da comunicação, das ações rápidas e bem-sucedidas e da aquisição de novos recursos e conhecimentos.

Ele diz que você deve lidar de forma positiva com qualquer situação exatamente da forma como ela se apresenta no momento (em vez de ficar remoendo sobre como gostaria que ela fosse). Com ajuda e muito esforço, em geral por meio de recursos e fontes que até então não tinham entrado em cena, tudo vai se resolver de maneiras jamais imaginadas, porém um tanto acertadas.

O Cinco de Ouros

Você não está recebendo a ajuda e o apoio necessários de sua família, amigos ou mesmo de órgãos oficiais, o que sugere que suas preocupações provavelmente têm a ver com dinheiro, assuntos domésticos, questões familiares, educação de uma criança ou cuidados com algum membro idoso e doente da família.

Essa carta aconselha a persistir, mas também a buscar outras fontes e assistências alternativas para auxiliar na abordagem com a pressão necessária para se captar novos recursos.

O Cinco de Ouros também pode surgir sempre que você estiver sentindo a sobrecarga das responsabilidades profissionais ou domésticas. Insista para que os outros cumpram a parte que lhes cabe do serviço.

O Cinco de Copas

Uma relação rompida pode ser reatada, mas você realmente deseja isso? E, se assim for, que mudanças devem ser feitas para que funcione desta vez? Outra interpretação é que você tenha chegado a um momento ruim ou entediante em um relacionamento de longa data. Tentem afastar as interferências externas e mudem de ares juntos, quem sabe até permanentemente. A carta também pode surgir na leitura caso você tenha se envolvido, ou sentido a tentação de se envolver, em um caso extraconjugal. Algumas pessoas conseguem ser felizes com dois parceiros, mas cedo ou tarde um dos relacionamentos (ou até mesmo os dois) vai ceder à pressão das consequências.

O Cinco de Paus

É uma carta que indica que este é o momento de lutar pelo que se deseja, seja uma promoção no trabalho, sucesso em um campo competitivo, artístico ou criativo — ou lutar pela sua identidade, caso ela esteja desmoronando sob as pressões alheias. Seguir carreira na área de comunicação é uma forma certa de alcançar o sucesso. Caso sinta que o trabalho anda competitivo ou hostil demais, busque outras opções ou tente trabalhar como autônomo.

O Cinco de Espadas

Essa carta simboliza a luta e a vitória contra todas as dificuldades, as adversidades e os obstáculos.

Você pode enfrentar os percalços com tranquilidade, mas esteja sempre ciente dos fatos e dos seus direitos. O Cinco de Espadas é uma boa carta para conseguir justiça. Contudo, tome cuidado com negócios furtivos e amigos que possam trair sua confiança.

Se estiver sofrendo manipulação emocional, pare de permitir que os outros lhe atinjam, e não deixe que suas forças sejam drenadas por indivíduos que usam suas fraquezas como arma.

O JOGO DAS OPÇÕES

Este modelo é uma boa pedida para quando você precisa escolher entre duas ou mais opções.

Carta 1: A Pergunta

Representa a escolha a ser feita ou a situação que suscitou a leitura.

Selecione uma carta da pilha de cartas já embaralhadas, sempre com o desenho voltado para baixo, não se esqueça.

Não a vire de imediato e nem a leia até que você tenha selecionado todas as outras cartas e as colocado em suas devidas posições.

Cartas 2-7: As Duas Escolhas

Primeiro, decida qual opção representará cada escolha. Posicione na mesa seis dessas cartas, viradas para baixo, formando três pares, começando pela carta logo abaixo da carta 1. Organize-as verticalmente, par por par.

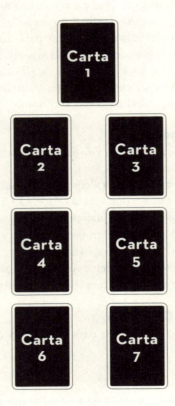

Vire a carta 1 e veja como ela está relacionada à pergunta. Se não estiver evidente, tente uma segunda carta e coloque-a ao lado da carta 1.

A partir daí, leia as cartas da primeira coluna, que representam a primeira opção: as cartas 2, 4 e 6, nesta ordem, utilizando as posições descritas no diagrama a seguir.

Após essa primeira leitura, siga para as cartas da segunda coluna, a sua segunda opção: as cartas 3, 5 e 7.

Decida qual das duas leituras parece a escolha mais viável.

Se nenhuma delas lhe parecer correta, acrescente uma terceira coluna à direita da segunda opção.

Carta 1: A pergunta ou questão sobre a qual as escolhas serão feitas.

Carta 2: A ação que deve ser tomada para seguir com a primeira opção, na fileira da esquerda.

Carta 3: A ação que deve ser tomada para seguir com a segunda opção, na fileira da direita.

Carta 4: As consequências imprevistas (tanto boas quanto desafiadoras) resultantes da escolha da primeira opção.

Carta 5: As consequências imprevistas que resultarão da escolha da segunda opção.

Carta 6: O provável resultado após a escolha da primeira opção.

Carta 7: O provável resultado após a escolha da segunda opção.

UMA LEITURA DA VIDA REAL

Eis uma descrição da leitura de um Jogo das Opções utilizando o método descrito.

A HISTÓRIA DE TOM

Já é a terceira vez que Linda, namorada de Tom, termina o relacionamento para poder ficar com outro homem. Agora, depois que seu casinho mais recente terminou de maneira desastrosa (como sempre!), ela deseja reatar com Tom. As duas opções que Tom identificou no Jogo das Opções foram perdoar Linda mais uma vez ou seguir sozinho.

A carta 1, a da pergunta ou situação, foi um Ás de Espadas.

Essa carta questionou a Tom se, pensando logicamente, ele deveria tentar de novo após as traições frequentes de Linda.

Além disso, o Ás de Espadas também é uma carta de aprendizado. Recentemente, Tom recebeu uma oferta para fazer um curso focado em sua profissão de assistente social, mas, para isso, ele precisaria trabalhar a mais de trezentos quilômetros de distância, durante seis meses. Linda, ele sabia, jamais aceitaria isso.

A primeira opção representava sua decisão de reatar o relacionamento (e recusar o curso). A carta 2, a da ação sugerida, foi Os Namorados.

Voltar a se relacionar com Linda levaria a um período de reconciliação apaixonada, como sempre. Contudo, em ocasiões anteriores, esse período de lua de mel rapidamente chegava ao fim, e Linda sempre se mostrava mais e mais descontente, e por fim cometia uma nova traição.

A carta 4, a das consequências imprevistas ao se escolher a primeira opção, foi a carta da Morte.

Mas o que morreria? Provavelmente, a paz de espírito de Tom, que ficaria sempre atento a possíveis sinais de uma nova traição. Mas, principalmente, o avanço de sua carreira. Contudo, sua atração por Linda é quase magnética. Sempre que está feliz, Tom vive momentos idílicos como ela.

A carta 6, que representa o provável resultado de se escolher a primeira opção, foi um Cinco de Copas.

Será que Linda poderia mudar? Em seu coração, Tom sempre soubera que não. Mas ele a amava e não queria abandoná-la.

A segunda opção, por sua vez, era a de seguir sozinho e fazer o curso oferecido no trabalho.

A carta 3, a ação sugerida para a opção dois, foi o Oito de Copas, uma carta contendo a ilustração de um homem caminhando rumo ao desconhecido.

Nesse caso, Tom estaria abandonando uma ligação emocional insatisfatória (mesmo tendo investido muito nela), porém o faria com muita tristeza, afinal de contas, ele ainda nutre sentimentos intensos por Linda.

A carta 5, sobre as consequências imprevistas de escolher a segunda opção, foi o Ás de Copas, ou seja, um recomeço no amor. Embora isso possa se referir tanto à possibilidade de Linda passar a valorizar Tom devido à sua ausência de seis meses no curso, também pode sugerir que ele vai conhecer uma pessoa nova, e que possa vir a amar.

A carta 7, o provável resultado de se escolher a segunda opção, foi o Imperador. É uma carta de poder que representa Tom (cujo poder foi tomado por Linda) tendo sua carreira como foco e, assim, alcançando o sucesso.

Após a leitura, Tom perguntou a Linda se ela toparia morar com ele durante o período de seis meses na nova cidade, mas ela recusou e insistiu que, se ele realmente a amasse, desistiria do curso. Contudo, Tom se negou a fazê-lo, formou-se com notas altíssimas, recebeu uma excelente oferta de emprego e, no momento, está noivo de uma assistente social que conheceu no treinamento.

Os Arcanos Menores:
De 6 a 10

MANUAL PRÁTICO DO
TARÔ

AS CARTAS NUMERADAS DE 6 A 10 MOSTRAM COMO passamos por mudanças e situações harmônicas com o intuito de alcançar a vitória, outros tipos de encerramento ou recomeços.

6: NÚMERO SEIS, A CARTA DA HARMONIA E DO EQUILÍBRIO

As cartas de número 6 exploram diferentes formas de manter ou se alcançar o equilíbrio na vida, ou dento de você. É um número que traz a promessa de que tudo vai se sair melhor do que o esperado.

Por outro lado, cartas 6 também podem aparecer quando você estiver se deixando atingir por arrependimentos ou passando mais tempo devaneando com o futuro do que se concentrando no presente. É também um indício de que você esteja perdendo tempo à espera de um amor idealizado, em vez de estar aproveitando um amor real ou uma relação já consolidada e feliz, mesmo que esta apresente algumas falhas.

O Seis de Ouros

É possível que no momento você esteja dando mais do que recebendo, tanto em questões financeiras e práticas quanto no quesito reconhecimento. Em geral está relacionado a questões familiares, mas também pode se referir a uma situação profissional em que você está aguentando a sobrecarga de todas as responsabilidades sem receber crédito algum.

Outra possibilidade é que problemas relacionados ao seu fluxo de caixa estejam ocorrendo, devido à constante assistência financeira dedicada a familiares e amigos. A solução para isso seria abrir mão de um negócio problemático, ou, se for o caso, convencer as pessoas de que elas são capazes de cuidar de suas próprias finanças.

É um bom momento para se trabalhar com dinheiro, fazer especulação imobiliária, lidar com bancos, ou mesmo atuar no cuidado de idosos.

O Seis de Copas

Eis uma carta de promessa de felicidade, amor duradouro e, principalmente, simbolismo da formação de uma família e do estabelecimento do lar. Caso você seja uma pessoa mais madura, essa carta pode significar que você já está com a pessoa certa, mas que ainda não encontrou sua casa dos sonhos ou seu estilo de vida ideal.

Também pode indicar a chegada de alguém novo à família, o que pode ocorrer por meio de um nascimento ou da união a um novo companheiro, trazendo novos sogros ou cunhados. Um acréscimo que tem tudo para ser muito harmonioso.

O Seis de Copas também pode trazer de volta uma pessoa do passado, um contato inesperado com um amigo de infância ou com um amor da juventude.

O Seis de Paus

Essa carta prevê uma grande vitória, que pode ocorrer dentro de seis semanas ou seis meses. O período vai depender da pergunta e das cartas que compõem o jogo. Seja sempre perseverante, e você terá sucesso em todas as suas empreitadas criativas, saltos na carreira, viagens dos sonhos ou impulsos de liberdade. Essa é uma carta que fala de encontrar harmonia por meio da realização de sua visão única, e de se destacar na multidão.

O Seis de Espadas

Um período mais tranquilo, próspero e feliz está para acontecer após grande turbulência, incerteza, e, por vezes, muitos esforços. Para isso acontecer, basta deixar arrependimentos e amarguras para trás.

Essa carta também aponta uma viagem benéfica, geralmente dentro de seis meses, que pode ser um passeio de férias, uma transferência ou uma mudança de casa que trará muita felicidade. Outra opção igualmente boa é que um vizinho incômodo, ou um colega de trabalho antipático, vai sumir inesperadamente de sua vida.

7: NÚMERO SETE, A CARTA DA CONTEMPLAÇÃO

O 7 é o número da sabedoria, da espiritualidade e do mistério. Se você tirá-lo na leitura, em vez de se precipitar — ou de aceitar pressões externas — na tomada de uma decisão ou em um mudança importante, espere até sentir que há preparo para isso, pois pode ser que você descubra que seu estilo de vida atual já é bastante satisfatório.

Confie nos seus sonhos e intuições. Essa carta representa um período de evolução natural do seu desenvolvimento psíquico e seus poderes curativos.

Cuidado com ilusões, sejam elas sobre seguir o caminho mais fácil, ou sobre se deixar enganar por outras pessoas por ter contrariado a própria intuição.

O Sete de Ouros

É uma carta que simboliza segurança a longo prazo, indicando estabilidade na área financeira ou imobiliária. Ela indica que seus investimentos crescerão por mais de sete anos e além. O Sete de Ouros também mostra que é um bom momento para comprar uma casa ou investir em terras, propriedades ou investimentos conservadores.

A curto prazo, os frutos de esforços e investimentos de tempo e recursos vão começar a mostrar resultados dentro de seis ou sete meses, e as preocupações com o dinheiro e a família também vão diminuir nessa mesma escala de tempo.

O Sete de Copas

Essa carta representa oportunidades na carreira, em empreendimentos ou relacionamentos; todas muito importantes para você, por isso envolverão decisões que devem ser tomadas mais com o coração do que com a cabeça.

O Sete de Copas também aponta que talvez você esteja questionando um compromisso amoroso que parece estar indo devagar demais, ou que está cheio de desconfiança. Sendo assim, é melhor fazer perguntas em vez de perder tempo se preocupando. Talvez você descubra que os medos estão só na sua cabeça e são reflexo de pura insegurança. O Sete de Copas também sinaliza que alguém próximo vai se beneficiar de métodos de cura alternativa e natural. De qualquer forma, lembre-se: não deixe outras pessoas influenciarem suas escolhas.

O Sete de Paus

Aqui a mensagem é clara: reivindique seus direitos, localize seus alicerces, ache suas raízes e recomece a vida em um novo lugar. Ficar na estagnação está longe de ser uma alternativa.

Essa também é uma carta de sucesso, embora, antes de qualquer coisa, você precise defender sua posição, argumentar a seu favor e lutar contra todos os que se opõem. Além disso, pode ser uma revelação de liderança, então, preste atenção às oportunidades e não subestime suas habilidades.

O Sete de Espadas

O Sete de Espadas é um aviso para ficar alerta ao jogo duplo dos outros e àqueles que falam de você pelas costas.

Se houver algum tipo de litígio em suas finanças, questões de custódia ou propriedade, principalmente em um acordo de divórcio, assegure uma boa representação jurídica e preste atenção a quaisquer mentiras ou sinais de que seu oponente possa estar ocultando patrimônio. Se acordos profissionais deram errado, não se preocupe: você vai recuperar suas perdas. Caso esteja sofrendo com fofocas, vizinhos problemáticos ou tiver dúvidas com traições amorosas, evite se deixar ludibriar por pedidos de desculpas ou aceitar a culpa que alguém tenta embutir em você.

Por fim, não acredite em ofertas que pareçam boas demais para ser verdade, ainda mais quando se trata de uma chance de ganhar dinheiro fácil.

8: NÚMERO OITO, A CARTA DO APRENDIZADO E DA OPORTUNIDADE

As cartas de número 8 são aquelas ativas e empreendedoras do tarô, pois estão sempre maximizando oportunidades e ajudando a superar obstáculos e restrições. Também se referem a largar de vez o que não funciona mais, principalmente questões pendentes que ainda assombram você. Trate de aprender coisas novas e conhecer pessoas e lugares.

O 8 dá a dica: neste momento, a especulação financeira e a entrega a riscos são duas formas de aumentar seus bens com bastante rapidez.

O Oito de Ouros

Também chamada de O Aprendiz, ou a carta do trabalhador autônomo, o Oito de Ouros promete a possibilidade de fazer fortuna por meio dos próprios esforços. Este é o momento certo para aprender uma habilidade ou transformar um hobby em um negócio lucrativo.

Caso já esteja exercendo uma carreira satisfatória, essa carta pode apontar para a oportunidade de explorar um novo campo dentro da mesma empresa, ou então a possibilidade de assumir mais responsabilidades. Isso também se aplica a qualquer trabalho manual ou reformas do lar.

Se você já vem praticando uma nova habilidade ou talento por um tempo, eis o momento de torná-la pública e ganhar dinheiro com ela.

O Oito de Copas

Essa carta fala de dar as costas às coisas que não deram certo, seja um relacionamento tóxico, um mau hábito, um emprego que só trouxe desgosto ou uma casa na qual você mora mas não considera um lar. Contudo, essa carta também aponta a necessidade de seguir rumo a algo satisfatório e feliz, o que pode envolver desde viagens até uma transferência no trabalho.

Outra possibilidade é a de haver uma reconciliação após uma traição ou separação temporária, mas sob circunstâncias novas e mais estáveis, as quais serão devidamente predeterminadas por você.

O Oito de Copas também pode simbolizar um período de trabalho longe de casa, e que vai se revelar muito vantajoso. É também um bom presságio para quem está começando um relacionamento a distância.

O Oito de Paus

Essa é a carta definitiva das viagens. Costuma indicar oportunidades inesperadas e recompensadoras de viagens, um período de férias, ou empreitadas a longo prazo e a distância.

O Oito de Paus pode representar uma afortunada mudança profissional que pode envolver uma mudança de casa, a visita a amigos, a construção de relações no exterior ou a compra de uma nova casa de veraneio (ou um barco ou veículo novos).

Essa carta também faz alusão ao desenvolvimento de interesses empolgantes e singulares, a sair para conhecer pessoas estimulantes, a desenvolver um networking de sucesso, sobretudo nas redes sociais, e a se arriscar em empreendimentos comerciais, expandindo seu mercado de atuação. Também prenuncia reconhecimento em artes performáticas. Eis o momento de se tornar uma artista revelação.

O Oito de Espadas

É uma carta que fala de restrições, sejam elas impostas por terceiros, por seus medos ou por vozes negativas oriundas do passado, que só podem ser transpostas com esforço e determinação.

Use os contratempos a seu favor, transformando-os em oportunidades de escapulir de limitações e proibições que possam ter virado um hábito.

Aquilo que você mais teme, seja perder um emprego, sofrer o abandono por alguém amado ou perder dinheiro, não vai acontecer. Contudo, pergunte-se se de fato deseja continuar na situação em que se encontra agora. Essa carta também é ótima para pôr fim a vícios, medos e fobias.

9: NÚMERO NOVE, A CARTA DA AUTORREALIZAÇÃO

O 9 é a carta do Eu, da independência e, acima de tudo, da autoconfiança. Também sinaliza o esforço para conquistar e manter o que mais se deseja, além do trabalho para finalizar um projeto com sucesso, principalmente algo criativo ou independente que traga consigo certa forma de liberdade. Um adendo: não aceite migalhas no amor, na carreira e nem na vida, afinal de contas, você é capaz de alcançar todos os seus sonhos por meio de um esforço supremo.

O Nove de Ouros

Às vezes chamada de carta de realização de desejos, ela também é uma garantia de segurança financeira. Você pode alcançar o sucesso por meio de seus esforços e, para isso, não precisa de favores ou de depender da boa vontade alheia. Seja uma questão familiar, financeira ou profissional, sua independência está garantida, desde que você faça as coisas como bem entender.

Como o 9 também é um número que representa a perfeição, essa carta pode se referir à concretização de uma ambição de longa data. Ainda, ela é uma carta que representa uma carreira bem-sucedida para os autônomos.

Contudo, pode ser necessário ajudar algum amigo ou parente a se tornar autoconfiante (mesmo que isso envolva certa severidade). De qualquer forma, resista à tentação de socorrer financeiramente pessoas esbanjadoras. Acima de tudo, concentre-se em encher o seu cofrinho.

O Nove de Copas

O Nove de Copas representa a independência definitiva de pressões emocionais, ajudando o consulente a descobrir o próprio poder e seus desejos dentro de um relacionamento que carece da aprovação de terceiros.

No momento, você talvez precise se focar no trabalho ou em realizações pessoais, portanto, questões de relacionamento terão de ficar em segundo plano. Essa carta pode aparecer, por exemplo, no momento em que uma mulher com filhos volta ao trabalho e se sente culpada por negligenciar a família.

Também pode surgir caso alguém precise de um tempo sozinho, talvez após o término de um relacionamento. O Nove de Copas sugere que, em vez de se precipitar e reatar a relação, pode ser mais interessante aproveitar a independência, buscando-a em um relacionamento futuro.

O Nove de Paus

É a carta do quase lá. Representa o triunfo iminente em face de uma luta na carreira, um sucesso artístico ou criativo, e talvez após um período de rejeições e contratempos.

Caso ainda esteja lutando com essa questão e se pergunte se ela vale a pena, essa carta surge para lhe oferecer coragem. A vitória é garantida, embora ainda haja a necessidade de cogitar outras opções e tentar um esforço derradeiro. Ela também pode significar um retorno à saúde após um período de doença, de algum acidente ou de exaustão mental.

O Nove de Espadas

O Nove de Espadas se refere a medos que têm fundamento sólido, questões que possam encontrar oposição, bem como pressões emocionais ou financeiras. Contudo, essa carta também promete que tudo vai ficar bem se você identificar os problemas e os seus agressores logo de início, ignorando fofocas e rumores, usando de lógica para refletir sobre a melhor opção, mesmo que não seja a ideal, e então seguindo em frente. O Nove de Espadas é uma carta antidívidas, ela sugere que você busque sempre a independência, porque, por mais desanimador que seja, problemas financeiros e imobiliários só podem ser resolvidos se você não ignorar as contas e contratos.

Cuidado com vampiros emocionais que sugam suas energias falando sempre dos próprios problemas. Se estiver trabalhando em um ambiente hostil, tente mudar de emprego. Nesse meio-tempo, faça o necessário para não se deixar drenar pela atmosfera tóxica.

10: NÚMERO DEZ, A CARTA DE CONCLUSÃO OU ENCERRAMENTO

As cartas de número 10 prometem uma resolução bem-sucedida de quaisquer questões envolvendo ambições ou felicidade e segurança a longo prazo. Podem exigir que algumas portas sejam fechadas para permitir prosseguimento ao próximo ciclo e uma limpeza de tudo aquilo que já não é necessário; isso inclui se desfazer de fardos antigos, de certas atividades ou até mesmo de pessoas que provocam a estagnação ou que se ressentem do seu sucesso. É o único jeito de maximizar seus benefícios conquistados a duras penas.

O Dez de Ouros

O Dez de Ouros é a carta da felicidade, da segurança e da alegria familiar a longo prazo. Independentemente das preocupações familiares que você possa ter agora, sejam elas referentes a dinheiro ou não, tudo ficará bem; a segurança e a felicidade seguirão com você até a terceira idade. A carta é muito bem-vinda caso você esteja com disposição para começar uma família, estabilizar-se em um relacionamento, ou se planeja trabalhar com animais ou ter animais de estimação.

Caso o Dez de Ouros apareça em uma leitura de uma pessoa que já está prestes a se aposentar, ele pode representar uma mudança para o exterior ou, se o consulente for jovem, um novo negócio idealizado pelo casal, em geral administrado de casa. Empreitadas práticas, focadas em artesanato ou na hospitalidade, são opções extremamente favoráveis.

Evite a tentação de ser infiel caso seu relacionamento atual esteja passando por uma crise. Mantenha-se próximo dos amigos leais em vez de se envolver com novos amigos, que até podem ser empolgantes, mas, sem dúvida, também serão instáveis.

O Dez de Copas

O Dez de Copas é a carta do amor definitivo e fala mais do amor duradouro e da fidelidade que dos aspectos materiais e seguros de um relacionamento. Caso tenha saído junto da carta anterior em uma leitura, o Dez de Copas é a completude da felicidade futura em todos os sentidos.

Siga seu coração, mesmo que isso signifique abrir mão de sua estabilidade financeira, ou de alguém que lhe prometa tudo, exceto amor, ou que não acenda em você a chama da paixão.

O Dez de Copas também pode apontar um reacender da paixão repentino após um período de pouca sintonia ou quando o relacionamento parece ter atingido aquele ponto que exige um compromisso permanente ou a decisão de morarem juntos. Assim, o amor florescerá. Essa carta também é um bom indicativo de que um amor secreto ou um caso extraconjugal deve ser enfim concluído.

Ela também pode ser uma promessa de felicidade por meio do convívio com filhos e netos, ou do trabalho com crianças, tanto em instituições como em situações terapêuticas.

O Dez de Paus

Essa carta diz que o resultado de seus empenhos na carreira, na área criativa, nos seus planos de viagem ou nos seus sonhos pessoais está à vista. Abandone aspectos da sua vida que tenham se tornado redundantes ou insatisfatórios e sejam um obstáculos para realizar seus sonhos duramente conquistados.

Ela também promete um apoio repentino e inesperado, ou então ajuda financeira caso precise haver uma nova tentativa de colocar um sonho em prática.

Outra alternativa de interpretação é a de que o Dez de Paus é garantia de saúde restaurada a você ou a um ente querido.

O Dez de Espadas

É a carta-símbolo de um fim necessário, que leva a um recomeço quando um relacionamento ou uma escolha profissional se encontram estagnados. Você vai precisar ser forte, não permitir manipulações emocionais, não dar ouvidos a provocações e não permanecer em situações desesperançadas por questões de lealdade ou culpa. Sempre há uma luz no fim do túnel.

Caso algum conhecido vá passar por uma cirurgia ou algum outro tratamento médico, essa carta é um excelente presságio.

TIRAGEM EM CRUZ*

Tente a Tiragem em Cruz caso tenha chegado a um ponto crucial em sua vida em que você se pergunta: "E agora?". Nessas horas, o caminho adiante pode parecer incerto, e você provavelmente vai se sentir sem rumo.

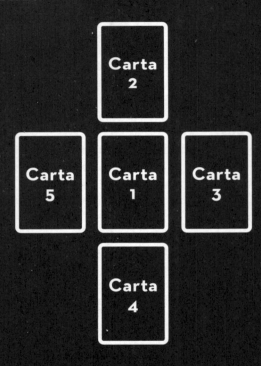

* A posição das cartas aqui é a utilizada no Tarô em Cruz, porém, a numeração delas não existe em nenhum outro lugar. Geralmente é a carta 2 que se sobrepõe à carta 1, e a carta 6 toma o lugar da carta 3. Parece ser algo muito particular da autora, e não faz parte da tiragem tradicional. (Nota das editoras.)

Ao fim da leitura do jogo, é costume retornar à primeira carta (a da pergunta) e reavaliar se gostaria de mudar alguma das situações expostas nas cartas seguintes, da segunda em diante. Se sim, é preciso decidir quando e como.

CARTA 1: Onde você está agora?

CARTA 2: O que você vai ganhar?
As vantagens da mudança.

CARTA 3: O que você vai perder?
As desvantagens da mudança.

CARTA 4: Quem ou o que vai lhe ajudar
a realizar a mudança desejada?

CARTA 5: Quem ou o que vai lhe atrapalhar
na realização da mudança desejada?

CARTA 1: Reavaliação. Essa mudança
vale a pena? Se sim, quando?

CARTA 6: Uma carta opcional que deve ser
retirada do baralho caso haja necessidade
de mais esclarecimento.

Vire e leia cada uma das cartas, uma após a outra. Ao final da leitura, você vai constatar que enxerga a Carta 1 de forma diferente. Caso isso não aconteça, concentre-se mais uma vez na pergunta e escolha a sexta carta do jogo, colocando-a sobre a primeira carta.

OS ARCANOS MENORES: DE 6 A 10

6

As Cartas da Corte

MANUAL PRÁTICO DO
TARÔ

AS ÚLTIMAS DEZESSEIS CARTAS DO BARALHO SÃO chamadas de cartas da corte. São quatro para cada um dos naipes: um valete ou uma princesa, um cavaleiro ou um príncipe, a rainha e o rei. Essas cartas representam figuras em nossas vidas: membros da família, pares românticos, filhos, amigos, inimigos, funcionários, gerentes ou outros colegas influentes. Os nomes das cartas podem variar dependendo do baralho utilizado, mas são sempre fáceis de se identificar. As cartas da corte também podem significar qualidades, pontos fortes ou desafios presentes em sua vida ou na vida daqueles que você ama.

LENDO AS CARTAS DA CORTE

Após ler o significado das cartas, identifique cada uma das dezesseis figuras de sua vida. Elas podem ser tanto do passado quanto do presente. Então pergunte-se qual das cartas é mais parecida com você no momento e em qual delas você deseja se transformar.

OS VALETES/AS PRINCESAS

O valete pode se referir a uma menina ou a um menino sensível, a um jovem adolescente de qualquer gênero, a uma mulher que não está em um relacionamento sério, que não reside em um lar estável ou que age como uma princesa mimada.

Também pode representar um aspecto a ser revelado da personalidade do consulente, um talento que vem desabrochando ou então os primeiros passos rumo a uma nova atividade ou fase de vida.

Os aspectos desafiadores ocorrem quando esta carta simboliza alguém, de qualquer faixa etária, que está agindo de maneira indefesa deliberadamente ou se comportando de forma infantil e teimosa (não se engane: é muito comum que o valete não simbolize uma criança, mas sim um adulto de meia-idade!).

O Valete/A Princesa de Ouros

Caso seja uma pessoa em sua vida, essa carta representará alguém jovem, ou jovem de espírito, que é bastante confiável, paciente, calmo, de bom temperamento, trabalhador e responsável para com as finanças.

Como característica, o Valete de Ouros indica a possibilidade de aprender um ofício, uma habilidade ou de começar um curso de estudos que trará progresso gradual. Também pode apontar um recomeço financeiro após um contratempo.

O único aspecto desafiador que essa carta pode representar é a relutância em aprender coisas novas ou conhecer lugares diferentes.

O Valete/A Princesa de Copas

Caso represente uma pessoa em sua vida, o Valete de Copas fala de alguém muito sensível, gentil, imaginativo, confiável, idealista e sensitivo. Também é um indicativo de uma combinação amorosa que floresce lentamente.

Como característica, o Valete de Copas se refere ao lento renascimento da confiança na vida e no amor após uma traição, além de significar a possibilidade de aprender algo apaixonante, ou de desenvolver a espiritualidade e as habilidades curativas.

O aspecto desafiador dessa carta é a ideia de que é perigoso colocar as pessoas em pedestais e sofrer o golpe da amarga desilusão ao perceber que são meramente humanas. O Valete de Copas também é facilmente enganado.

O Valete/A Princesa de Paus

Caso represente uma pessoa da sua vida, o Valete de Paus é alguém de qualquer idade, de humor instável, e que também vive mudando de casa, buscando novas atividades, novos amigos, e então seguindo para a próxima aventura, fazendo sempre o que lhe dá na telha.

Como característica, o Valete de Paus significa a emergência de um novo sonho criativo e a relutância em se comprometer com um caminho específico, pulando constantemente de uma oportunidade para outra.

O aspecto desafiador representado por essa carta é a distração e a impaciência para esperar que as ideias amadureçam.

O Valete/A Princesa de Espadas

Caso seja uma pessoa em sua vida, o Valete de Espadas fala de alguém muito metido a espertinho, que vive desafiando a autoridade apenas pelo prazer, e que fere os sentimentos dos outros por falta de consideração.

Como característica, o Valete de Espadas indica uma tendência a rejeitar ajuda, conselhos e afeição por conta de mágoas do passado. Além disso, é comum que viva lutando por causas que não valem o esforço.

O aspecto desafiador dessa carta é estar sempre na defensiva e enxergando desprezo onde não há nenhum.

OS CAVALEIROS/PRÍNCIPES

Os cavaleiros, também conhecidos como príncipes, costumam ser adolescentes do sexo masculino. Eles também representam homens jovens ainda solteiros, ou homens de qualquer idade que nutrem desejo por liberdade (mesmo quando comprometidos).

Como característica, essa carta simboliza entusiasmo, ímpeto para novos projetos ou uma mudança de vida que trará liberdade e realização pessoal. No amor, os cavaleiros representam um relacionamento em andamento, independentemente de sua duração ou status.

O aspecto desafiador dessa carta é o egoísmo, não importando a idade do cavaleiro (homens na crise de meia-idade costumam ser um bom exemplo).

O Cavaleiro/Príncipe de Ouros

Caso seja uma pessoa em sua vida, o Cavaleiro de Ouros será alguém conservador e que nunca se distancia do lar ou de suas ambições familiares. Ele sempre persevera a fim de desenvolver uma carreira sólida e costuma poupar dinheiro com bastante cuidado a fim de ascender financeiramente. Além disso, é um amante fiel, porém desarticulado.

Como característica, o Cavaleiro de Ouros representa a existência de um plano seguro para uma empreitada financeira, a persistência com questões que caminhem a passos lentos e pessoas difíceis de se lidar.

O aspecto desafiador dessa carta é a relutância em expressar opiniões divergentes ou correr riscos com questões envolvendo dinheiro ou amor.

O Cavaleiro/Príncipe de Copas

Caso seja uma pessoa em sua vida, ele será seu cavaleiro da armadura brilhante: romântico, idealista, sonhador; um excelente candidato a alma gêmea, por quem o amor crescerá cada vez mais com a passagem dos anos.

Como característica, o Cavaleiro de Copas é um arauto do amor verdadeiro e de um romance vindouro; ou então reflete a possibilidade de o consulente se envolver em um caso amoroso secreto. Além disso, também representa um possível aprendizado ligado a artes espiritualistas ou humanas que possam evoluir em uma carreira.

O aspecto desafiador dessa carta é o romântico que nunca amadurece e que larga atrás de si uma trilha de corações partidos e sonhos despedaçados, tanto os dele próprio como os de outras pessoas.

O Cavaleiro/Príncipe de Paus

Caso seja uma pessoa em sua vida, o carismático (porém pouco confiável) Cavaleiro de Paus mudará seu rumo constantemente a fim de realizar buscas mais novas, empolgantes e perigosas.

Esse Cavaleiro é um ótimo especulador, empreendedor e comunicador, alguém que ganha sempre na lábia e que poderá atingir o sucesso em breve, mas também perdê-lo tão rapidamente quanto o alcançou — só para depois conquistá-lo outra vez.

Como característica, o Cavaleiro de Paus representa o desejo de viajar e realizar os próprios sonhos a qualquer custo e, se necessário for, livrar-se de compromissos amorosos que lhe pareçam pesados demais.

O aspecto desafiador dessa carta é sua falta de vontade de manter uma rotina, o que pode fazê-lo acabar dispensando um amigo legal ou um amor ideal em troca de alguém mais empolgante.

O Cavaleiro/Príncipe de Espadas

Caso seja uma pessoa em sua vida, o Cavaleiro de Espadas representa alguém focado em seus objetivos, sejam eles direcionados a um empreendimento ou a uma pessoa. Sendo assim, os outros devem sair da frente dele ou serão machucados.

Donos de uma inteligência surpreendente, em especial na tecnologia, na medicina ou na ciência, esses Cavaleiros costumam ser sarcásticos, rancorosos e se ofendem facilmente. Contudo, se forem sabiamente direcionados, podem ser uma tremenda força voltada para o bem.

Como característica, o Cavaleiro de Espadas ajuda bravamente nas lutas contra situações de injustiça, mas jamais se comprometerá ou aceitará fragilidades e imperfeições, seja em si ou nos outros.

O aspecto desafiador é que ele pode acabar machucando pessoas inocentes e a si próprio.

AS RAINHAS

As rainhas representam mulheres mais velhas, tanto em idade quanto em maturidade. Elas não são necessariamente mães, mas assumem uma posição matriarcal no lar ou no cuidado para com os outros, tanto na área profissional quanto na área pessoal.

Essa carta também pode se referir a uma figura de autoridade feminina ou a homens afetuosos que ocupam uma posição profissional ou pessoal de cuidado.

Como característica, essa carta significa um período fértil (não só no sentido de procriação). É uma oportunidade para usar suas habilidades criativas para ajudar, aconselhar, proteger outras pessoas, ansiar por uma segunda carreira ou por uma família já formada.

O aspecto desafiador das cartas das rainhas é a possessividade, ou o hábito de se definir somente pelas condições de felicidade impostas por terceiros.

A Rainha de Ouros

Caso seja uma pessoa em sua vida, ela representa a rainha do lar e também uma profissional bem-sucedida, alguém que consegue equilibrar esses dois lados. Ela pode ser uma mãe, uma avó, a diretora de uma empresa ou a gerente de um departamento de relações humanas.

Ela se importa com os outros de forma prática, mais do que empática, e cumpre com todas as suas responsabilidades e compromissos, não importando o quanto esteja cansada ou atribulada.

Como característica, a Rainha de Ouros pode surgir em um período estável de sua vida, ou em um momento no qual um interesse pessoal estiver se transformando em uma nova possibilidade de carreira.

O aspecto desafiador dessa carta é que, por fazer muito pelos outros e ter dificuldade de delegar, ela pode acabar se tornando uma espécie de mártir.

A Rainha de Copas

Caso seja uma pessoa em sua vida, ela representa a Rainha de Copas definitiva, a senhora do amor e da fertilidade que também é ultrassensível em questões que envolvam desarmonia, tanto no ambiente de trabalho quanto na vida familiar.

Ela é símbolo de fertilidade, incrivelmente sensitiva e uma ótima curandeira, e, nas questões amorosas, representa uma mulher profundamente apaixonada ou que encontrará o amor perfeito muito em breve.

Como característica, a Rainha de Copas anuncia que é o momento ideal para assumir um compromisso, ou que a pessoa com quem você está se relacionando é a pessoa certa. Ela também indica uma carreira ou negócios de sucesso nas artes espirituais, terapêuticas ou de aconselhamento.

O aspecto desafiador dessa carta é o medo de perder aqueles que ama ou amar demais. Ela também mostra uma visão enganosa sobre o mundo, fazendo com que seja visto sob lentes cor-de-rosa.

A Rainha de Paus

Caso seja uma pessoa em sua vida, a Rainha de Paus é criativa, enérgica, inspiradora, cheia de ideias e aberta a viagens e aventuras. Sempre dona de si, embora possa ser uma mãe inspiradora e uma companheira leal, ela é muito criativa, por isso precisa sempre de uma carreira empolgante, na qual possa ser a própria chefe.

Como característica, a Rainha de Paus anuncia um forte desejo de independência e a chance de ganhar a vida por meio da criatividade e da comunicação. No entanto, para ela, a realização sempre será mais importante do que o dinheiro.

O aspecto desafiador dessa carta é a ausência de paciência diante da fraqueza alheia e a certeza de estar sempre certa.

A Rainha de Espadas

Ao representar uma pessoa em sua vida, a Rainha de Espadas é um ícone de poder feminino, determinada a vencer independentemente dos obstáculos e, acima de tudo, sempre disposta a aprender. Ela é emocionalmente muito forte, muito esperta, superou imensas adversidades e pode ser incrivelmente leal, embora às vezes possa parecer antipática, crítica demais ou até amarga.

Contudo, ela também pode representar um ex-companheiro manipulador ou uma mãe problemática.

Como característica, a Rainha de Espadas representa um aumento repentino de poder para superar situações abusivas ou de injustiça. Ela também é um excelente prenúncio caso você esteja se dedicando aos estudos ou a algum curso/treinamento.

O aspecto desafiador dessa carta é que a vida tornou essa figura amarga, por isso ela pode acabar se ressentindo diante da felicidade alheia e usar a chantagem emocional para manipular as pessoas por meio do sentimento de culpa.

OS REIS

Os reis representam homens maduros ou mais velhos, como pais, avós, mentores e autoridades, podendo ser tanto uma pessoa (como um gerente de banco ou um funcionário público) ou uma instituição (jurídica, por exemplo). No amor, os reis sempre são ou serão companheiros permanentes.

Como característica, os reis simbolizam poder, sucesso e a determinação para alcançar um objetivo específico que pode até parecer difícil, mas sempre renderá grandes recompensas e muita prosperidade. Essa carta também vale para mulheres ambiciosas que fazem de tudo para chegar ao topo.

Os aspectos desafiadores das cartas dos reis são sua inflexibilidade, o dogmatismo, a teimosia, o excesso de julgamentos ou, na pior das hipóteses, ações agressivas e provocativas.

O Rei de Ouros

Sábio e confiável, esse rei oferece estabilidade material. Além disso, simboliza o marido, o pai ou o avô ideal; o compreensivo gerente do banco, o corretor honesto e o funcionário justo.

Caso seja uma pessoa em sua vida, o Rei de Ouros é alguém de confiança e que já é, ou será algum dia, muito bem-sucedido na carreira. Ele pode também ser dono de um negócio consistente.

Como característica, essa carta pode surgir quando o consulente estiver planejando uma carreira a longo prazo, um empreendimento imobiliário, conduzindo uma reforma ou trabalhando para chegar no nível sênior em uma organização. Essa carta é uma garantia de sucesso.

O aspecto desafiador do Rei de Ouros é a obsessão pelo dinheiro e por coagir outras pessoas a seguirem sua ideologia de vida. O Rei de Ouros também pode ser acomodado e muito resistente a viagens.

O Rei de Copas

Caso seja uma pessoa em sua vida, o Rei de Copas representa o amor duradouro e a fidelidade nos bons e maus momentos.

Ele se dá bem com crianças, animais, pessoas mais velhas, e pode ser generoso demais com seu tempo, seus recursos, ou dinheiro, investindo-os em causas que nem sempre valem a pena.

Como característica, essa carta representa uma escolha entre um antigo e bem estabelecido amor e um novo amor, uma batalha a ser vencida pelo coração. Outra interpretação fala do hoje como o momento ideal para se comprometer definitivamente em um relacionamento. A carta anuncia que ele pode durar para sempre.

O aspecto desafiador da carta do Rei de Copas é devanear demais, perdendo ou abandonando uma felicidade real, embora imperfeita. Uma crise de meia-idade pode abalar sua confiança, tornando-o suscetível a bajulações.

O Rei de Paus

Caso seja uma pessoa em sua vida, o Rei de Paus é um visionário, um criador de sucesso, um vendedor ou empresário, um líder natural, ou um inventor. Ele é um viajante nato e, como marido e pai, sempre trará diversão, variedade e um estilo de vida incomum.

Como característica, o Rei de Paus diz que você deve buscar fama, realização e fortuna, expandindo seus contatos o máximo possível, sobretudo nas redes sociais, a fim de atingir novos mercados e novos públicos.

O aspecto desafiador desse Rei é sua falta de percepção em relação às necessidades e aos sentimentos alheios (ele é um espetáculo de um homem só), inconstância, excesso de flerte e demonstrações de arrogância contra pessoas que considera chatas ou burras.

O Rei de Espadas

Caso seja uma pessoa em sua vida, o Rei de Espadas representa um campeão da verdade, da justiça e da imparcialidade, não podendo ser dobrado por favores ou por medos. Contudo, ele tem dificuldade em expressar emoções e costuma ser um pai, avô ou marido taciturno, embora seja capaz de dar a vida por sua família.

Como figura de autoridade, costuma estar conectado à lei, ao ramo dos impostos, da medicina ou do governo. O Rei de Espadas mostra bastante impaciência no que diz respeito à ineficiência, mas sempre oferecerá ajuda contra a corrupção, não importando o quão elevado seja o status do infrator.

Como característica, o Rei de Espadas representa o poder de superar agressões e injustiças usando meios legais ou oficiais, e promete sucesso em exames ou provas. Lembre-se: checar os dados e fatos mais de uma vez sempre traz resultados desejados.

O aspecto desafiador dessa carta inclui a necessidade de desconsiderar a opinião alheia, o sarcasmo, a crueldade e o comportamento abusivo.

O JOGO DAS PERSONALIDADES DA CORTE

Realizar a leitura das cartas da corte pode ajudar a deixar certos tipos de personalidade à vista e a resolver problemas pessoais.

Embaralhe as dezesseis cartas da corte e disponha-as, as figuras sempre para baixo, em um círculo em sentido horário.

Coloque suas mãos um pouco acima de cada uma das cartas, então selecione quatro das que atraírem sua atenção, botando-as em uma pequena pilha (figuras voltadas para baixo); embaralhe-as.

Começando pelo topo, tire uma carta e coloque-a, sempre voltada para baixo, o mais perto possível de você. Vire-a, então coloque uma segunda carta diretamente sobre a primeira, virando-a antes de selecionar a terceira, até que tenha lido as quatro cartas e elas componham uma trilha vertical.

CARTA 4: Quem você vai se tornar.

CARTA 3: Quem vai se opor a você.

CARTA 2: Quem vai ajudar você.

CARTA 1: Quem você é agora.

UMA LEITURA DA VIDA REAL

Leia o seguinte relato para entender como a leitura do Jogo das Personalidades da Corte ajudou o consulente a abrir caminho em um dilema interpessoal.

A HISTÓRIA DE ADAM

Adam está batalhando para subir na escala corporativa, mas descobriu que uma mulher mais velha, uma gerente sênior, nutre sentimentos por ele. Por causa disso, ela tem dado a ele acesso a informações secretas que podem alavancar sua carreira, porém deixou claro que deseja trocar tais informações por favores sexuais. Adam sabe que isso é antiético, mas está desesperado para ascender o mais rapidamente possível, pois seu pai está doente e sua família precisa de ajuda com as despesas. A gerente, por outro lado, deixou claro que caso Adam decida não ceder, ela vai denunciá-lo por quebra de sigilo de arquivos confidenciais. Eis os resultados da leitura de Adam utilizando o Jogos das Personalidades da Corte.

Carta 1: Quem você é agora. O Valete de Copas. Não é sequer um Príncipe, mas um mero e tolo valete jovem que, com a melhor das intenções, comprometeu-se com algo que não tinha a intenção de cumprir e agora se sente encurralado.

Carta 2: Quem vai ajudar você. O Rei de Ouros. Essa carta representa o diretor sênior da empresa, uma pessoa que valoriza alguns dos trabalhos que Adam tem feito e que, há pouco tempo, propôs a ele um curso de seis meses em outra cidade, pelo mesmo valor salarial, porém com todas as despesas pagas. Se aceitasse, Adam passaria a trabalhar em uma área completamente diferente da empresa, o que o afastaria da mulher abusiva e possibilitaria que ele continuasse ajudando a família financeiramente.

CARTA 3: Quem vai se opor a você. A Rainha de Espadas. A gerente sênior da empresa é maquiavélica e não sente amor algum por Adam, somente o desejo por controle. Adam ouviu falar que outros colegas jovens já foram ameaçados por ela, e então, demonstrando uma coragem incomum, diz ter se decidido a procurar esses outros funcionários, todos já demitidos e desacreditados.

CARTA 4: Quem você vai se tornar. O Rei de Paus. Claro que essa mudança não vai ocorrer rapidamente, mas a carta mostra que Adam tem potencial para vencer na nova empreitada, desde que seja perseverante.

Para esclarecer determinadas posições, você pode tirar mais cartas para responder a perguntas do tipo: "Tá, mas e se...?". Adam, por exemplo, escolheu uma carta que diria o que aconteceria com ele caso cedesse à Rainha de Espadas. A resposta foi o Valete de Espadas, ou seja, sem poder, decepcionado e sem amor algum.

Adam acabou aceitando o treinamento, e quando a gerente sênior o ameaçou, ele disse ter evidências que mostravam que outros jovens funcionários haviam sofrido assédio sexual, e que por isso pretendia fazer uma denúncia formal à empresa. Para seu espanto, a mulher recuou e disse que não queria vê-lo nunca mais.

7

Jogos de Tarô para Diferentes Ocasiões

MANUAL PRÁTICO DO
TARÔ

HÁ VÁRIAS POSSIBILIDADES DE JOGOS OU TIRAgens em uma leitura de tarô. Embora todos que sugiro aqui funcionem bem para mim e para boa parte dos meus leitores, é importante que elas também soem certas para você. Sendo assim, sempre que achar necessário, adapte as posições de cartas que possam parecer irrelevantes ou de pouca ajuda, acrescente cartas ou remova aquelas que não se encaixem na sua leitura.

O JOGO DA FERRADURA

Esse esquema de cinco cartas pode ser utilizado apenas com os Arcanos Maiores ou com o baralho todo. É uma boa opção para quando você precisa ver os resultados das ações sugeridas na tiragem a longo prazo.

Embaralhe as cartas, selecione cinco delas e organize-as em formato de ferradura, todas voltadas para baixo. Siga a ordem de 1 a 5.

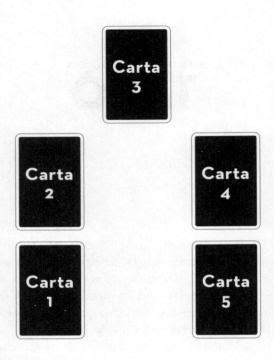

AS CARTAS

Carta 1: A questão. Sua posição, escolha, dilema ou dúvida predominante sobre algum aspecto central de sua vida.

Carta 2: Influências atuais. Circunstâncias e pessoas que possam ter contribuído para sua situação vigente e que serão afetadas por quaisquer decisões ou mudanças que você fizer.

Carta 3: Influências inesperadas. Fatores ocultos, sucessos do passado, medos antigos ou pensamentos introjetados por familiares ou antigos amantes etc. Isso também inclui certos tipos de influência que notamos além do horizonte, mas que sempre entram em jogo tão logo decidimos mudar ou preservar o status quo.

CARTA 4: Ação sugerida. Sugere uma atitude, movimento ou tática que favorecerá a situação vigente.

CARTA 5: Possível resultado. Sugere as possíveis consequências de nossas intervenções ou ações.

Existe a opção de acrescentar uma sexta carta entre as cartas 1 e 5 para revelar o que acontecerá com a situação caso o consulente decida não tomar nenhuma atitude.

Para descobrir, formule uma pergunta específica. Se a questão não for tão clara, esvazie a mente e permita que a primeira carta tirada dê a pergunta por você.

Embaralhe o maço outra vez e escolha cinco novas cartas.

Leia-as de baixo para cima, começando pela esquerda e atravessando toda a ferradura até chegar à carta 5 (a carta inferior à direita).

O JOGO DO CALENDÁRIO: OS DOZE MESES DO ANO

Embora você vá utilizar muitas cartas aqui, o método de interpretação é bem simples. É possível fazer essa tiragem em qualquer época do ano, mas é sempre bom realizá-la no mês do seu aniversário, ou então como leitura de Ano-Novo. Alguns marcos também são válidos, por exemplo, bodas, noivados, casamentos, o nascimento de uma criança, ou até mesmo o dia do seu divórcio, para que você fortaleça as esperanças diante do período que virá.

Assim como ocorre com os doze meses, caso esteja atravessando um período crucial, você também pode escolher sete cartas para simbolizar uma semana, ou 28, 29, 30, ou 31 dias do mês, dependendo de que mês estiver consultando.

Tanto para a previsão dos doze meses do ano quanto para a previsão do mês, pode ser interessante misturar dois baralhos, pois caso uma carta reapareça, você saberá que ela tem uma importância bastante específica em sua vida.

Primeiro, decida-se sobre qual período deseja prever para poder determinar o número de cartas que precisará selecionar. De um baralho (ou dois) misturado e com as figuras voltadas para baixo, selecione o número correto de cartas e disponha-as, em sentido horário, em um círculo.

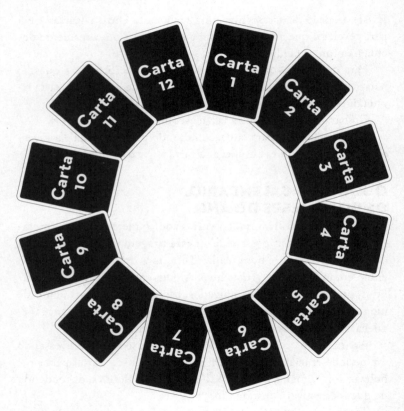

Agora, vá virando uma carta por vez (comece em sentido horário) e faça a leitura sempre antes de virar a próxima. Caso esteja lendo para si, segure cada carta e permita que imagens, ideias, palavras ou impressões surjam em sua mente. Escreva ou grave suas impressões. Cada uma das cartas irá guiar você a oportunidades ou desafios a serem encarados no período escolhido.

Se estiver lendo para outra pessoa, peça ao consulente para segurar a carta escolhida antes de entregá-la a você. Leia cada uma delas em voz alta e, novamente, pois esta é uma leitura extensa, pode ser que você queira gravar os resultados para que a pessoa os leve para casa.

Em geral, os Arcanos Maiores são indicativos de grandes acontecimentos ou situações nas quais circunstâncias exteriores têm um papel importante. Os Arcanos Menores referem-se a situações corriqueiras, mas que, ainda assim, não deixam de ser significativas para o período escolhido para a leitura. As cartas da corte, por sua vez, indicam personalidades dominantes, ou até mesmo a chegada de um novo amor ou gravidez, caso seja o objetivo.

Tão logo termine o Jogo do Calendário, escolha uma carta final para resumir todas as ocorrências da semana, do mês ou do ano, e coloque-a no centro do círculo.

Sempre comece a leitura pela Carta 1.

O JOGO CIGANO

Esse jogo de nove cartas, às vezes feito utilizando o baralho comum, é um dos mais antigos métodos de tiragem romani,[*] podendo ser feito também com todas as cartas do baralho. É uma ótima fórmula para fazer perguntas sobre amor, relacionamentos, grandes mudanças ou questões relacionadas à carreira. Ele também pode ser facilmente adaptado para perguntas relativas à justiça ou a situações financeiras. Embora seja um pouco mais complexo que as tiragens anteriores — e, portanto, uma transição necessária para que você seja capaz de realizar os jogos mais complexos presentes no último capítulo do livro —, ele tem como base aquilo que você já aprendeu e é muito direto nas respostas.

O Método

Embaralhe ou misture as cartas, escolha três delas e disponha-as, voltadas para baixo, da esquerda para a direita, no que chamaremos de fileira 1.

Vire as cartas da esquerda para a direita. Antes de lê-las, faça uma segunda fileira de três cartas diretamente acima da primeira fileira e, acima da segunda, uma terceira, sempre da esquerda para a direita. Vire a segunda fileira antes de selecionar as cartas da terceira. Leia-as de baixo para cima, da esquerda para a direita, sempre na horizontal, uma fileira por vez.

Primeira fileira:
As Cartas do Relacionamento ou da Carreira

Essas três primeiras cartas dizem respeito à sua situação atual ou planejada na carreira e nos relacionamentos, ao lugar onde vive no momento, além de outras questões ou dúvidas que você possa ter.

---

[*] Os romani são os povos nômades popularmente conhecidos como ciganos. (Nota da tradutora.)

Carta 1: Acontecimentos do passado que se distanciam cada vez mais.

Carta 2: Pontos importantes ou dúvidas do momento presente.

Carta 3: O que você mais deseja desse relacionamento/carreira/ou mudança.

Segunda fileira:
As Cartas das Influências Exteriores

Essas cartas mostram as influências de terceiros no seu atual ou futuro relacionamento, possíveis rivalidades, pressões para optar pelo casamento, parentes, ex-companheiros e enteados, pessoas que possam bloquear sua carreira ou que estejam envolvidas nas suas escolhas de realocações imobiliárias.

Carta 4: Pessoas e aspectos positivos.

Carta 5: Rivalidade oculta.

Carta 6: O que precisa ser superado.

Terceira Coluna:
As Cartas da Ação e do Resultado

As três últimas cartas ofertam o caminho à frente e contêm soluções embutidas. Caso ainda esteja em dúvida, adicione uma décima e uma 11ª cartas acima das três fileiras a fim de conceder maior clareza às suas possíveis perdas e ganhos.

Carta 7: Ação sugerida.

Carta 8: Resultado a curto prazo.

Carta 9: Resultado a longo prazo.

Encontrando seu Estilo de Leitura

MANUAL PRÁTICO DO
TARÔ

A ARTE DO TARÔ É CERCADA POR CONCEPÇÕES equivocadas. No início deste livro, por exemplo, desmistificamos a ideia de que seria azar comprar seu próprio baralho. Embora seja um presente bem legal, nada impede você de ir à livraria, a uma loja de produtos esotéricos ou mesmo de navegar na internet para encontrar o baralho ideal. Se estiver em dúvida, comece com os baralhos inspirados em Waite, como os Raider Waite, Universal Waite ou Golden Waite, todos eles nomeados em homenagem a seu criador, A. E. Waite, que também inspirou muitos outros decks. Depois, você pode optar por um exemplar que trabalhe com figuras celtas, como lordes e damas medievais, ou até mesmo algo mais moderno. Há um grande número de exemplos on-line, com diferentes descrições e grande variedade de imagens.

Leve o tempo que precisar para aprender a ler as cartas individualmente ou para testar os diferentes jogos descritos até agora. Se alguma tiragem lhe parecer difícil ou não tão correta, deixe-a para lá e tente outra vez depois, aceitando que alguns métodos vão se encaixar melhor do que outros.

CARTAS INVERTIDAS

Outro mito bastante difundido do tarô é que as cartas que são tiradas do baralho de cabeça para baixo representam um aspecto negativo da carta ou têm um enfraquecimento no significado. Lembre-se de que toda carta tem aspectos tanto positivos quanto desafiadores. A única razão pela qual uma carta sai invertida é por ter sido colocada assim no maço de cartas durante uma sessão anterior. São as outras cartas na leitura que vão determinar qual aspecto da carta — positivo ou desafiador — estará mais evidente.

APROFUNDANDO AS LEITURAS

Fazer suas tiragens usando dois maços idênticos de cartas, em vez de um só, não torna a leitura mais difícil. Se preferir, mantenha-os separados e, sempre que achar necessário, junte-os para ter um maior número de cartas.

A vantagem de um baralho duplo é possibilitar que a mesma carta apareça duas vezes em posições diferentes, o que costuma ser significativo. Você também pode utilizar tipos diferentes de cartas; assim, uma imagem alternativa pode trazer uma nova perspectiva sobre uma carta repetida. Por exemplo, no tarô druida, a Roda da Fortuna é representada pela imagem de uma mulher desenhando um círculo na areia, algo de sentido bastante diferente da Roda do Destino.

SUBSTITUIÇÕES

Se qualquer carta tirada parecer de pouca ajuda ao consulente, ou se a carta se referir a uma questão passada que deve ser esquecida ou que precisa ser eliminada de vez, peça a ele para escolher uma nova carta do baralho para substitui-la.

Coloque-a sobre a carta que deseja substituir. Ela também pode ser uma carta de transição, então, se a carta que pretende substituir ainda parece isolada do restante da história, substitua-a por outra até que o consulente sinta ter encontrado a resposta certa. Lembre-se sempre de colocar a nova carta em cima daquela que for substituir. Isso ocorre com bastante frequência nas posições de Ação Sugerida ou Possível Resultado.

AUTOLEITURA

É possível fazer a leitura de tarô para si, apesar de superstições afirmarem que isso traz azar. Mas você pode fazê-lo sem medo. As cartas escolhidas vão guiar suas leituras pessoais, e leituras de cartas são uma forma excelente de receber informações que estejam ocultas. Quando estiver fazendo a autoleitura, pode ser interessante gravar cada uma das sessões e falar livremente sobre o que vê, ouve ou sente ao escolher cada carta. Isso evita que apenas seu pensamento lógico e analítico disseque o significado da leitura. Depois de gravar tudo, escute sua interpretação com o jogo disposto à sua frente.

LENDO PARA OUTRAS PESSOAS

Ao ler para outras pessoas, sempre pergunte o que o consulente deseja saber. Outra ideia equivocada sobre o tarô tem a ver com o mito de que a taróloga/cartomante deve sempre adivinhar o que a outra pessoa está pensando. Ora, como as cartas por si só já apontam as áreas de interesse, tentar adivinhar o que o outro quer é perda de tempo. Seria como ir ao médico e dizer: "Ei, doutor, adivinha só o que eu tenho?". Claro que um médico é capaz de diagnosticar o problema por meio de eliminação, mas uma leitura de tarô funciona melhor quando se concentra nos fatores ocultos e suas soluções.

Para ajudar você e o consulente a entrarem em sintonia, comece por um foco inicial ou uma área preocupante, como a vida amorosa ou a carreira. Peça que o consulente embaralhe, misture e selecione as cartas, sempre com os desenhos voltados para baixo. Ao virar cada uma delas, pergunte o que ele ou ela sente sobre cada carta e o que vê em cada figura. Então explique o que você está sentindo, mas tente manter um diálogo durante o processo, não só para manter suas energias psíquicas fluindo, mas também para incentivar o consulente a tomar decisões.

Afinal, este é o propósito da leitura: que as pessoas possam confirmar pelas cartas aquilo que já sentiram, mas que relutaram em seguir por estarem em dúvida se seria o melhor caminho.

SE UMA LEITURA NÃO ESTIVER DANDO CERTO

Caso esteja utilizando uma leitura de três, seis ou nove cartas, sem posições definidas, acrescente mais cartas, uma de cada vez, até que façam sentido (três cartas costumam ser suficientes para esclarecer até mesmo uma questão bem complexa).

Para uma leitura na qual há posições predefinidas, coloque todas as cartas juntas, mais uma vez, em uma pilha, embaralhe-as ou misture-as, e então coloque-as em fileiras de três, da esquerda para a direita, de baixo para cima, até que todas as cartas terminem. Então vire-as na ordem em que foram selecionadas, uma por uma, e leia-as de baixo para cima, da esquerda para a direita, como se contassem uma história. Esse método nunca falha.

CARTA DO DIA

No início do livro, foi abordada a possibilidade de escolher uma carta do dia, todos os dias, e registrá-la em seu diário do tarô. Esse método facilita a identificação de repetições que possam apontar uma situação ou pessoa em sua vida que carece de algum tipo de atitude. Caso uma carta específica apareça no mesmo dia toda semana ou todo mês, tente descobrir o que sempre acontece naquele dia. Se necessário, acrescente mais duas cartas à carta repetida e faça uma leitura de três cartas.

LEITURAS COM AS CARTAS DO DIA

Caso você tenha tido uma semana importante e queira compreender correntes subjacentes que não tenham ficado tão claras sobre pessoas amadas, amigos ou colegas de trabalhos — ainda mais se estiver prestes a tomar uma decisão ou fazer uma mudança —, agrupe as sete cartas do dia que foram selecionadas ao longo da semana.

Se tiver alguma carta recorrente, leia-a pensando no dia em que apareceu primeiro. E então deixe um vão a ser preenchido e leia-a novamente na leitura do dia em que ela reapareceu (sempre movendo a carta para a próxima posição conforme os dias recorrentes). Faça duas fileiras de três cartas, da esquerda para a direita, daí acrescente uma no topo de tudo, deixando um espaço para qualquer carta que possa ter aparecido mais de uma vez. O primeiro dia deve estar embaixo, à esquerda, e o sétimo dia deve estar no topo. Vire cada uma das cartas, leia-as e prossiga assim até chegar ao sétimo dia. Atente-se às repetições, pois são sempre importantes.

9
Desenvolvendo suas Habilidades de Leitura

MANUAL PRÁTICO DO
TARÔ

LGUNS TARÓLOGOS E CARTOMANTES ACREditam que quanto mais complexo o jogo, melhor é a leitura. Isso não é verdade. Contudo, a razão pela qual se utilizam jogos com muitas cartas ou número maior de posições é que sempre fornecem mais informações sobre a própria vida, a vida de outras pessoas ou sobre o enfrentamento de mudanças drásticas e decisões cruciais. Os dois métodos de leitura a seguir podem ser divididos em dois estágios simples para que você possa aprendê-los passo a passo.

Use-os somente consigo, no máximo uma vez ao mês. Depois, ao fazer leituras regularmente para a mesma pessoa, opte por realizar esse método apenas mensalmente ou quando ela tiver marcos na vida. É mais útil checar como as coisas estão progredindo, ao realizar leituras de três em três meses, sempre comparando as cartas escolhidas na nova leitura com aquelas selecionadas na leitura anterior.

Você vai gastar pelo menos uma hora na leitura desses jogos mais complexos, portanto, é importante registrar suas autoleituras e as leituras feitas a terceiros; sempre haverá muita informação presente. Em se tratando de autoleitura, por exemplo, a interpretação do jogo pode vir a durar até mesmo de um a dois dias.

UM JOGO DE 33 CARTAS PARA
O PASSADO, O PRESENTE E O FUTURO

A chave para esse jogo é a interconexão entre o passado, o presente e o futuro, tanto nas nossas vidas quanto na vida da pessoa para quem está sendo feita a leitura.

Essa não é uma formação para ser utilizada com estranhos, pois situações mal resolvidas do passado e incertezas do presente podem transformar esse método em um momento bastante emotivo.

Passo 1:
As Primeiras 24 Cartas

Utilize o baralho inteiro. Este jogo funciona muito bem com dois maços de cartas.

Embaralhe-as e disponha-as — voltadas para baixo, como sempre —, mas desta vez faça três fileiras de oito cartas, da esquerda para a direita, de baixo para cima, de modo que a primeira carta esteja embaixo, à esquerda, na sua direção, e a carta 24 esteja em cima, à direita.

Primeira coluna:
O Passado, Cartas de 1 a 8

A coluna mais próxima a você representa tudo aquilo que passou e que está indo embora de sua vida. As cartas próximas ao início da fileira, à esquerda, referem-se à sua infância e vão se tornando mais recentes, cronologicamente, conforme vão caminhando à direita da fileira, até chegarem na idade em que você está agora, na oitava carta. As cartas não representam uma idade numerada; anos-chave ou acontecimentos importantes (como um casamento) aparecerão simbolicamente em uma única carta da fileira (ou até mesmo duas, se a questão for muito complicada ou dolorosa).

Na autoleitura, as cartas-chave serão óbvias. Mas com outra pessoa, por exemplo, você pode tirar o Oito de Copas para simbolizar um período no qual a pessoa saiu de casa. Por isso, sempre pergunte, se pressentir que a carta é dona de um significado especial.

Essa primeira fileira pode conter diversas situações mal resolvidas, mas, por outro lado, tudo que foi vivido contribuiu para a felicidade e o sucesso do agora.

Segunda coluna:
O Presente — de 9 a 16
As fileiras do meio representam influências do presente e também devem ser lidas da esquerda para a direita. No presente, elas tratarão de relacionamentos em progresso, questões do trabalho ou do lar, objetivos de vida e conquistas recentes. Essa fileira tende a conter fatores que já são reconhecidos de maneira consciente, enquanto influências inconscientes de pais, professores e amores perdidos tendem a estar enterrados na leitura da última fileira do passado (de 1 a 8).

Terceira coluna:
O Futuro a Ser Moldado — de 17 a 24
A última fileira não se refere a um futuro já estabelecido, mas a possíveis caminhos a serem seguidos, oportunidades e desafios que surgem no horizonte, indicações de sucesso (ou não) dependendo das atitudes tomadas. Seu futuro imediato estará à esquerda da fileira, e o futuro mais distante à direita (podendo chegar a até cinco anos no porvir).

O MÉTODO DE LEITURA DO PASSADO, PRESENTE E FUTURO

Uma das opções é trabalhar com as 24 cartas, lendo-as conforme sugerido previamente. Leia todas e, caso esteja realizando uma autoleitura, continue falando sem parar a fim de tentar impedir que seu lado analítico se intrometa. Quando estiver lendo para outra pessoa, mantenha um diálogo e busque a total atenção dela para descobrir sobre passos e sonhos importantes.

Após ler as 24 cartas, acrescente uma 25ª carta, colocando-a sobre a carta do meio da terceira fileira. Essa carta costuma sugerir o fator inesperado que trará sucesso e felicidade.

Passo 2:
As Oito Cartas Estratégicas — de 25 a 32

Com esse esquema, você tem a opção de acrescentar oito cartas estratégicas às 24 cartas do passado, presente e futuro (caso opte por esse método, não utilize a 25ª carta).

Essas cartas a mais podem identificar estratégias que possam colocar você, ou o consulente, em movimento — do presente ao futuro — da forma mais positiva possível e evitando danos que tenham sido identificados nas cartas do passado e do presente. Use-as se as fileiras do futuro não tiverem lhe parecido suficientemente claras ou se quiser informações mais aprofundadas sobre algumas estratégias, sobretudo se houver terceiros envolvidos em suas decisões futuras.

Para isso, leia todas as 24 cartas do passado, presente e futuro. Embaralhe mais uma vez o que tiver sobrado do maço, ou dos maços, e selecione mais oito cartas, dispondo-as, sempre com as figuras para baixo, da esquerda para a direita.

Coloque-as no topo da fileira do meio, da esquerda para a direita, a fim de que cada uma das novas cartas cubra as cartas — de 9 a 17 — da coluna do presente. Vire as cartas estratégicas, uma por uma, e elas lhe dirão como chegar ao futuro em plena conexão com os conteúdos contidos nas cartas cobertas. Sendo assim, releia a coluna do futuro (cartas 17 a 24), e agora elas farão todo o sentido.

A ÁRVORE DA VIDA

Esse jogo fácil de seguir é composto por apenas doze cartas, e funciona brilhantemente tanto para dúvidas espirituais quanto para momentos em que há diversas situações afetando o futuro do consulente (e que, por mais que pareçam separadas, estão todas interligadas).

Ele é muito bom para questões de importância no ano que virá. Embora cada esfera enumere cores e conexões planetárias, estes itens não são essenciais para a leitura. Coloquei palavras-chave em cada uma das esferas para ajudar a guiar você.

ÁRVORE DA VIDA

Comece pelo círculo inferior e percorra o caminho até o círculo superior.

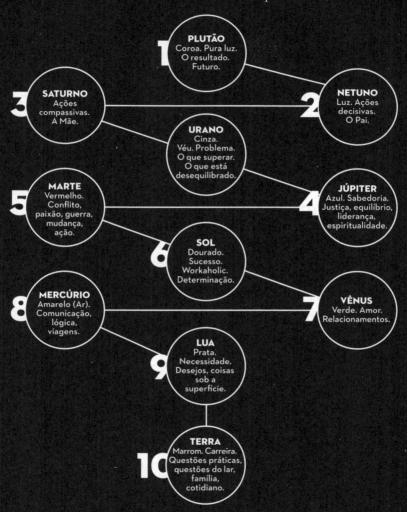

DESENVOLVENDO SUAS HABILIDADES DE LEITURA

Utilizando a Árvore da Vida

Desenhe ou escaneie múltiplos diagramas da Árvore da Vida para, assim, ter onde colocar as cartas que irão compor as leituras. Caso contrário, apenas organize as cartas na posição que as esferas assumiriam caso estivessem dispostas sobre uma mesa, da raiz até a copa da árvore. Algumas pessoas costumam laminar e colorir um diagrama especificamente para esse jogo.

Antes de iniciar, embaralhe as cartas e selecione doze delas do maço (não precisa ser as cartas de cima). A Árvore da Vida numera a esfera mais alta em seus galhos; a carta 1 ficará no topo. Vá virando uma carta por vez e fazendo a leitura; comece pela raiz e siga até a copa.

OS SIGNIFICADOS

ESFERA 10: Terra. Áreas de Interesse: questões práticas, casa, família, animais, cotidiano, em qual momento da vida você se encontra.
Frase-chave: Eu tenho.

ESFERA 9: Lua. Áreas de Interesse: necessidades, desejos, sonhos, sentimentos, coisas ocultas sob a superfície.
Frase-chave: Eu desejo.

ESFERA 8: Mercúrio. Áreas de Interesse: comunicação, criatividade, lógica, viagens, aprendizado, riscos, verdade e ilusão.
Frase-chave: Eu crio.

ESFERA 7: Vênus. Áreas de Interesse: amor, relacionamentos, reconciliação, crescimento em qualquer área da vida, harmonia.
Frase-chave: Eu compartilho.

ESFERA 6: Sol. Áreas de Interesse: sucesso, individualidade, autoconfiança, questões de trabalho, determinação.
Frase-chave: Eu sou.

ESFERA 5: Marte. Áreas de Interesse: coragem, ação, conflito, paixão, vitória, mudança.
Frase-chave: Eu luto.

ESFERA 4: Júpiter. Áreas de Interesse: justiça, equilíbrio, liderança, avanços na carreira, parcerias permanentes (pessoais e profissionais), exames, entrevistas.
Frase-chave: Eu conquisto.

ESFERA DESCONHECIDA: Urano. Áreas de Interesse: problemas que precisam ser superados, bloqueios, obstáculos, tudo que está logo além do horizonte e precisa ser alcançado por você.
Frase-chave: Eu alcanço com confiança.

ESFERA 3: Saturno. Áreas de Interesse: A Mãe, influência feminina, ações compassivas e amorosas, aceitação, cuidado para com os outros.
Frase-chave: Eu cuido.

ESFERA 2: Netuno. Áreas de Interesse: O Pai, influência masculina, ação lógica e decisiva, persistência, ter grandes ambições e conquistar grandes coisas.
Frase-chave: Eu miro alto.

ESFERA 1: Plutão. Áreas de Interesse: unidade, integração, os melhores resultados possíveis, o futuro pelo qual vale a pena lutar, deixando para trás tudo que for redundante ou destrutivo.
Frase-chave: Eu triunfo.

UMA LEITURA DA VIDA REAL

A HISTÓRIA DE LINDSEY

Lindsey perdeu todo o seu dinheiro depois de ter sido traída pelo homem que amava. Ele desapareceu levando todos os bens dela e ainda por cima vendeu a casa que compartilhavam. Agora ela está desabrigada e, aos 60 anos de idade, sente-se incapaz de recomeçar. Contudo, Lindsey não deseja vingança. Mesmo que encontre seu ex-parceiro, ela acredita que ele já terá gastado cada centavo.

ESFERA 10: Terra; questões práticas e do lar; família; animais; cotidiano; em que lugar você está agora. O Ás de Ouros: descobrindo novas praticidades, lugares onde morar. Lindsey tem uma amiga que mora perto da costa sul da Inglaterra. Ela vai passar um ano fora do país a trabalho e não quer colocar a casa para aluguel. No passado, essa amiga já pediu a Lindsey que cuidasse da casa e dos animais para ela, o que seria bastante positivo, levando em consideração que Lindsey precisa de um espaço para respirar.

ESFERA 9: Lua; necessidades; desejos; sonhos; sentimentos; o que se esconde sob a superfície. A Lua: o mais significativo dessa leitura é o fato de a carta da Lua ter aparecido justamente na esfera regida por este planeta. Lindsey é uma clarividente e curandeira nata, e, além disso, administrava a própria escola on-line. No entanto, seu companheiro a convenceu a desistir de tudo para fazer uma viagem com ele (paga por ela). Muitos de seus antigos alunos entraram em contato recentemente para perguntar se ela pretende voltar a lecionar. Será que ela conseguiria recomeçar?

ESFERA 8: Mercúrio; comunicação; criatividade; lógica; viagens; aprendizado; riscos; verdade e ilusão. O Três de Paus: no passado, Lindsey foi uma autora bastante talentosa, mas esta foi outra coisa da qual abriu mão. Ela descobriu que um de seus antigos editores abriu uma nova empresa e está procurando por autores experientes. Embora inicialmente não vá receber muito dinheiro, esse poderia ser um caminho para Lindsey voltar à escrita.

ESFERA 7: Vênus; amor; relacionamentos; reconciliação; crescimento em todas as áreas da vida. O Cinco de Espadas: Lindsey sabe que, caso seu antigo amor reapareça, isso só pode significar que ele já acabou com o dinheiro e que pretende manipulá-la para reatar. Desde a partida dele, Lindsey escutou diversas coisas alarmantes sobre o passado do sujeito, rumores que ela ignorou durante o tempo em que estiveram juntos. Por isso, agora, a lógica precisa dominar os detalhes práticos, e Lindsey precisa aceitar que foi (muito) enganada.

ESFERA 6: Sol; sucesso; autoconfiança; individualidade; trabalho; determinação. A Princesa de Ouros: uma carta que simboliza aprendizado e recomeço. Lindsey sempre quis aprender hipnoterapia para trabalhar com a reencarnação de forma terapêutica. Recentemente descobriu sobre a possibilidade de conseguir uma bolsa acadêmica caso estivesse preparada para cursar psicologia na universidade. Por acaso, há uma faculdade próxima à casa da tal amiga que vai passar um ano no exterior (o que seria ótimo, pois Lindsey só vai precisar se preocupar com moradia nos últimos dois anos de estudos, quando já estiver restabelecida).

ESFERA 5: Marte; coragem; ação; conflito; paixão; vitória; mudanças. A Torre da Libertação: Lindsey sabia que, como todas as dívidas de seu ex-companheiro continuavam a ser debitadas de seus cartões de crédito, a melhor saída seria declarar falência, afinal de contas, não haveria esperanças de quitar as dívidas, e as constantes cobranças dos credores a estavam enlouquecendo. Embora tenha sido algo difícil de se fazer, foi o único jeito que ela encontrou de se libertar.

ESFERA 4: Júpiter; justiça; equilíbrio; liderança; avanços na carreira e em todas as parcerias, pessoais ou profissionais; exames; entrevistas. O Julgamento: sim, ela foi boba, mas quando acreditamos ter encontrado nossa alma gêmea, o senso comum vai embora. Dentre outras coisas, seu amado chegou a garantir que tinha bens no exterior e, uma vez liberados, ambos ficariam ricos e ele devolveria com juros todo o dinheiro emprestado. Agora, além de tudo, Lindsey precisa abraçar o renascimento e aceitar que o melhor seria se os credores encontrassem seu ex-marido, assim ele seria obrigado a lidar com as consequências de suas ações.

ESFERA DESCONHECIDA: Urano; problemas que precisam ser superados; bloqueios; obstáculos; tudo que está logo além do horizonte e precisa ser alcançado por você. O Dois de Espadas: todos os medos de Lindsey se concretizaram; principalmente seu medo de falhar, pois trabalhou duro durante toda a vida. Contudo, ela sabe que precisa agir, pois as coisas estão piorando a cada dia e as dívidas estão se acumulando. A carta da Torre simbolizou o primeiro passo.

ESFERA 3: Saturno; A Mãe; influência feminina; ação compassiva; aceitação; cuidar dos outros. A Imperatriz: surpreendentemente, a irmã mais velha de Lindsey, com quem ela não conversava há anos, soube de seus apuros e se ofereceu para ajudar, ofertando tanto auxílio financeiro quanto um lar temporário. Lindsey não crê ser capaz de morar com a irmã, ou mesmo aceitar o dinheiro dela, mas sua oferta reviveu laços fraternais, curou antigas feridas e restaurou sua fé na humanidade.

ESFERA 2: Netuno; O Pai; influência masculina; ação lógica e decisiva; persistência; ter grandes ambições e conquistá-las. O Três de Ouros: uma bela carta que representa a reconstrução, passo a passo, e também uma garantia de que, assim que sua amiga voltar do exterior, Lindsey vai ter dinheiro suficiente para conseguir alugar uma acomodação na costa sul, localidade que ama, para cursar os dois últimos anos de faculdade.

ESFERA 1: Plutão; unidade; integração; os melhores resultados possíveis; o futuro pelo qual vale a pena lutar. A Estrela: uma promessa de que, dentro de doze meses, Lindsey verá seus novos sonhos se tornando realidade. E assim, um ano depois, Lindsey reconstruiu sua escola on-line e conseguiu expandi-la para realizar consultas presenciais. Ela também voltou a escrever e está prestes a começar seu segundo ano de faculdade. Sua amiga a persuadiu a se mudar para o anexo da casa e a cuidar do lugar sempre que ela precisar se ausentar por causa do trabalho.

CONCLUSÃO

Este é o fim de *Manual Prático do Tarô*, mas apenas o início da sua jornada. Lembre-se sempre: por mais difícil que seja o caminho, nosso destino vive dentro de nós e, assim, somos os responsáveis por realizar nossos próprios sonhos. Para isso, podemos utilizar o tarô tanto como um guia quanto para nos iluminar com a ideia de que tudo que virá será sempre maravilhoso e empolgante.

Somos nós que fazemos acontecer.

ÍNDICE REMISSIVO

A

Arcanos Maiores
  numeração/ordem dos, 18
  uso dos, 34
  0: O Louco, 19
  I: O Mago, 19, 20
  II: A Sacerdotisa, 20
  III: A Imperatriz, 21
  IV: O Imperador, 21, 22
  V: O Hierofante, 22, 23
  VI: Os Namorados, 23, 24
  VII: O Carro, 24
  VIII (ou XI): A Força, 25
  IX: O Eremita, 25, 26
  X: A Roda da Fortuna, 26, 27
  XI (ou VIII): A Justiça, 27, 28
  XII: O Enforcado, 28
  XIII: A Morte, 35, 36
  XIV: A Temperança, 36, 37
  XV: O Diabo, 37
  XVI: A Torre, 37, 38
  XVII: A Estrela, 38, 39
  XVIII: A Lua, 39, 40
  XIX: O Sol, 40
  XX: O Julgamento, 41
  XXI: O Mundo, 41, 42
Arcanos Menores
  Ases (ou uns), 52,
    53, 54, 55, 57
  cincos, 64, 65
  dez, 79, 80, 81, 82
  dois, 58, 59

  funções dos, 56, 57
  noves, 77, 78, 79
  oitos, 75, 76, 77
  quatros, 62, 63, 64
  seis, 71, 72, 73
  setes, 73, 74, 75
  três, 60, 61
Ases (ou uns), 52, 53, 54, 55, 57

C

cartas da corte, 85, 86, 87, 88, 89,
  90, 91, 92, 93, 94, 95, 96, 97
  cavaleiros/príncipes,
    88, 89, 90
  Jogo das Personalidades,
    95, 96, 97
  rainhas, 90, 91, 92
  reis, 92, 93, 94, 95
  valetes/princesas, 86, 87
  visão geral das, 85
cartas invertidas, 108
consagrando as cartas, 13, 14

D

diário do tarô, 17, 18

H

habilidades psíquicas,
  sobre as, 9, 10, 11

J

jogos
33 cartas, 114, 115, 116
Árvore da Vida, 116, 117,
118, 119, 120, 121, 122
Calendário, 101, 102, 103
Cigano, 103, 104, 105
Cruz, 82, 83
das opções, 65, 66, 67, 68, 69
das Personalidades da
Corte, 95, 96, 97
Ferradura, 99, 100, 101
mais complexos, 113
Mudanças, 28, 29,
30, 31, 32, 33
três ou quatro cartas, 28,
29, 30, 31, 32, 33
três, seis ou nove cartas,
42, 43, 44, 45, 46, 47

L

leitura
carta do dia, 13
como funciona, 9, 10
encontrando seu próprio
estilo, 8, 9, 106, 107,
108, 109, 110, 111
exemplos da vida real, 30, 31,
32, 33, 44, 45, 46, 47, 67, 68,
69, 96, 97, 119, 120, 121, 122
para si/para os outros, 109, 110
primeira, 11, 12
resolução de problemas, 110

N

naipes
copas/cálices, 50, 51
ouros/pentáculos/moedas, 50
paus/varas/cajados, 51
visão geral dos, 49

S

substituições, 108, 109

T

tarô, cartas de
ativando imagens
psíquicas, 10, 11
carta do dia, 13, 110, 111
comprando/escolhendo, 10, 11
consagrando, 13, 14
preparando, 11
visão geral do baralho, 7, 8

CASSANDRA EASON é psicóloga e uma das autoras mais prolíficas e populares de nossa época, escrevendo sobre todos os campos da espiritualidade e da magia. Ela também é palestrante e organiza workshops em todo o mundo sobre todos os aspectos do paranormal. Durante os últimos quarenta anos, escreveu mais de 130 livros, muitos dos quais foram traduzidos para vários idiomas, incluindo japonês, chinês, russo, hebraico, português, alemão, francês, holandês e espanhol. Eason tem cinco filhos e quatro netos, os quais considera sua maior alegria e conquista. Atualmente mora na Isle of Wight, na costa sul da Inglaterra. Saiba mais em cassandraeason.com

MAGICAE
DARKSIDE

MAGICAE é uma coleção inteiramente dedicada aos mistérios das bruxas. Livros que conectam todos os selos da **DarkSide® Books** e honram a magia e suas manifestações naturais. É hora de celebrar a bruxa que existe em nossa essência.

DARKSIDEBOOKS.COM